合作学习技能35课
培养学生的协作能力和未来竞争力

[美]哈维·斯莫基·丹尼尔斯（Harvey "Smokey" Daniels）
南希·斯坦尼克（Nancy Steineke）

TEACHING THE
SOCIAL SKILLS OF
ACADEMIC
INTERACTION

中国青年出版社

图书在版编目（CIP）数据

合作学习技能35课：培养学生的协作能力和未来竞争力 /（美）丹尼尔斯，（美）斯坦尼克著；冯鲁华，杨婷婷译.
—北京：中国青年出版社，2016.4
书名原文：Teaching the Social Skills of Academic Interaction
ISBN 978-7-5153-4052-4

Ⅰ.①合… Ⅱ.①丹…②斯…③冯…④杨… Ⅲ.①学生—学习方法—教学研究 Ⅳ.①G420

中国版本图书馆CIP数据核字（2016）第018505号

Teaching the Social Skills of Academic Interaction / Harvey "Smokey" Daniels, Nancy Steineke.
Copyright © 2014 by Corwin
Simplified Chinese translation copyright © 2016 by China Youth Press
All rights reserved.

合作学习技能35课：
培养学生的协作能力和未来竞争力

作　　者：	[美]哈维·斯莫基·丹尼尔斯　南希·斯坦尼克
译　　者：	冯鲁华　杨婷婷
策划编辑：	杨　迪
责任编辑：	龙彬彬
美术编辑：	李　甦
出　　版：	中国青年出版社
发　　行：	北京中青文文化传媒有限公司
电　　话：	010-65511270/65516873
公司网址：	www.cyb.com.cn
购书网址：	zqwts.tmall.com
印　　刷：	大厂回族自治县益利印刷有限公司
版　　次：	2016年4月第1版
印　　次：	2025年2月第7次印刷
开　　本：	787mm×1092mm　1/16
字　　数：	200千字
印　　张：	19.5
京权图字：	01-2015-7029
书　　号：	ISBN 978-7-5153-4052-4
定　　价：	59.00元

版权声明

未经出版人事先书面许可，对本出版物的任何部分不得以任何方式或途径复制或传播，包括但不限于复印、录制、录音，或通过任何数据库、在线信息、数字化产品或可检索的系统。

中青版图书，版权所有，盗版必究

第一部分　合作学习技能：缺失的链条 / 007
- 第一章　我们为什么一定要教给学生合作学习技能？/ 009
- 第二章　创造更友好、互助、高效的课堂环境 / 025
- 第三章　如何使用这本书 / 039

第二部分　合作学习技能35课 / 051
- 第四章　相互熟悉 / 053
  - 课程1. 组成搭档 / 054
  - 课程2. 采访你的搭档 / 060
  - 课程3. 主场优势 / 068
  - 课程4. 友谊和支持 / 073
  - 课程5. 课堂氛围海报 / 081
- 第五章　培养合作技能 / 086
  - 课程6. 安静信号 / 087
  - 课程7. 使用安静的声音 / 093
  - 课程8. 提出后续的问题 / 100
  - 课程9. 思考—分组—分享 / 107
  - 课程10. 好搭档的特征 / 112
- 第六章　进阶双人合作 / 117
  - 课程11. 积极倾听 / 118

课程12. 展开交谈 / 124

课程13. 用约会时钟扩大熟人圈 / 131

课程14. 社交拼图 / 139

第七章 转向小组模式 / 144

课程15. 成员资格表格采访 / 145

课程16. 分享发言时间 / 150

课程17. 留下最后一句话 / 156

课程18. 传纸条 / 164

课程19. 作品展览 / 175

第八章 长期合作的讨论组 / 181

课程20. 制定小组基本规则 / 183

课程21. 克服开小差的诱因 / 190

课程22. 小组进步目标 / 195

课程23. 用桌牌来加强合作 / 203

课程24. 赞美卡片 / 210

第九章 和而不同 / 216

课程25. 文本中的金矿：寻找证据 / 217

课程26. 人类连续体 / 224

课程27. 你站在哪儿？/ 232

课程28. 先听听每个人的观点 / 238

课程29. 论证正反两方的观点 / 245

课程30. 文明地表达异议 / 257

第十章 小组长期合作项目 / 265

课程31. 制定一个评估标准 / 266

课程32. 计划小组项目 / 274

课程33. 记录个人的项目日志 / 282

课程34. 中途修改 / 291

课程35. 做一个专心的听众 / 296

鸣 谢
Acknowledgments

我们两人合作写书已经有很长时间了。实际上，这是我们的第七本合著。因此，在开始之前，先让我们两人互相击拳庆贺一下。既然这是一本关于合作的书，如果我们两人相处不好的话就会显得相当尴尬。但是，事情越来越简单了。我们相互间表现出了真正的友爱和支持，而且这行之有效。

我们各自的配偶，伊莱恩和比尔，在过去的十五年里一直充当着我们虚拟合著者的角色。多亏了他们，我们每天才能享受到主场优势。他们不仅是我们的首批读者，而且还是我们最温和的评论家，以及我们最喜爱的旅行伴侣。由于我们已经在全国范围内开办了许多短期培训班，我们四个人的足迹几乎走遍了美国的每一个州。每到一个州我们都会进行愉快的交谈，共享美味的晚餐。爱达荷州，我们来了！

当我们把这一个有点不同寻常的项目带到科尔文出版社的时候，他们马上就明白了我们的意思。我们的编辑，也是我们的老朋友，丽莎路德克一直热情饱满，指导着我们一步一步地走下去，我们对此非常感激。朱莉内梅尔，梅勒妮伯德萨，还有设计师盖尔布希曼给予了我们吸引眼球的封面，引人入胜的内容以及毫不费力

的生产流程。弗朗西斯卡杜特拉艾菲里卡诺和艾米丽沃伦先后给我们提供了耐心可靠的支持。莫拉沙利文，杰出非凡的市场营销人员，现在接手来帮助这本书寻找它尽可能广泛的读者群体。而且，我们很高兴得知《编辑和专业学习》的主管丽萨肖以及主席迈克苏勒斯也都对这本书产生了浓厚的个人兴趣。

本书中漂亮的插图以及你很快就会见到的那8个可爱的学生都是萨蒂亚莫西斯，一位来自新罕布什尔州都柏林市的艺术家，所绘制的。四个月来，每个周六的早上我们三个人都会接通电话，然后处理萨蒂亚的插图，从草图到素描再到彩色的定稿，零零总总一共有数百张的幻灯片。我们认为这些插图取得的效果是非常好的，而且它们反映了我们对孩子们的态度：孩子们想要努力学习，表现出色，而且玩得开心。既然你已经买了这本书，并且欣赏到了这些插图，那么我们就能告诉你们一个小秘密了，萨蒂亚在绘制这些插图的时候仅仅才19岁。他现在已经去艺术学校读书了。为这本书的续篇随时准备着吧，萨蒂亚！

对南希来说，这本书还标志着她的一个转变。南希曾在芝加哥郊区的安德鲁高级中学当了数十年的老师，而当你读到这本书的时候，她将会在全国范围内的各个街区进行写作，发表演讲，并开展咨询工作。这些将会成为她的全职工作。斯莫基也将继续从圣达菲动身，投入到与南希相同的工作中来，我们希望能拥有尽可能多的同台合作机会。

我们每一本书中的每一个创意都来自孩子们身上，来自在有幸身处教师行业的年月里我们曾幸运地接触到的学生们身上。谢谢大家，谢谢每一个人，还有要特别感谢丹尼尔和德文。

读者们，我们希望你们能从阅读本书的过程中获得乐趣，也希望这本书能帮助你拉近你和孩子们之间的距离。在这个教学变得艰难的时代，我们唯一的希望就是向每天和我们朝夕相处的可爱孩子们加倍我们的承诺，那就是：

友谊和支持——永远是第一重要的事情。

TEACHING THE **SOCIAL SKILLS** OF **ACADEMIC INTERACTION**

Part 1
第一部分

合作学习技能
缺失的链条
Social-Academic Skills:
The Missing Link

第一章 我们为什么一定要教给学生合作学习技能？

社会情绪能力学习和学业学习

你希望你的学生们有出色的表现吗？也就是说，你的学生们：

- 相互之间能友善相处，互帮互助吗？
- 在团队中或者和同伴们能进行富有成效的合作吗？
- 在小组中能维持活泼且深思熟虑的讨论吗？
- 能保持注意力集中且保证学习效率吗？
- 相互帮助深入挖掘课程主题了吗？
- 能尊重同学、不侵犯不贬低他人吗？
- 营造出一种求知、专注以及有趣的课堂氛围了吗？
- 取得好的考试成绩并且成为一个品行优良的人了吗？

我们也希望如此。创建支持性的学习团体一直都是我们合写的前七本著作的隐含性主题。在本书中，我们也把这一主题提到了前台。

不论是在哪所学校（去年我们到过23个州），教师们给我们提出的第一个问题都是："我怎么才能让这些孩子们在一块合作学习？"有时候，他们在说这句话的

> 不论是在哪所学校，教师们给我们提出的第一个问题都是："我怎么才能让这些孩子们在一块合作学习？"

时候会刻意强调"这些"这个词，并且不易察觉地翻个白眼，就好似在说，"你们根本不知道这些孩子有多么难缠。"

无论我们用什么样的措辞来委婉地进行表述，我们的孩子们总是不能融洽相处，这是一个长期存在的顽固问题。让他们进行合作学习并没有那么容易。相反，他们常常会互相争执，不尊重甚至贬低彼此。当我们让他们和同伴在一起或者把他们分成小组的时候，他们往往会偷懒耍滑，浪费时间，捣乱破坏，或者互相捉弄。而我们看着这些会越来越感觉不安，并试图禁止这些不守规矩的消极行为。但是用不了多久，我们也许就会产生一种力不从心的感觉，被迫放弃组织一场互动课堂的不切实际的梦想，把被搞得一团糟的课桌重新摆好，发几页练习题，就为了使孩子们重新安静下来。如果到了万分沮丧的地步，我们还会把错误都推到上一学年的老师们身上，要么就是责怪孩子们的父母或者孩子们生活的街区。"也许明年，"我们心想，"我就能接手一个有能力进行合作学习的班级了。"

但是，没有人生来就知道怎么样去做一个好朋友，做一个能给予他人帮助的伙伴，或者做一个负责任的团队成员。这些技能都是需要后天学习的。换句话说，我们需要教这些东西！对于我们课堂上出现的混乱或者低下的士气，在尝试对其进行改正之前就抱怨连天是非常不公平的。

我们当老师的会把学生分为"好学生"和"坏学生"，这是现实情况，而现在我们并没有全盘否定它。但是大多数情况下，好学生——能进行良好合作的学生

第一章
我们为什么一定要教给学生合作学习技能？

> 没有人生来就知道怎么样去做一个负责任的团队成员。这些技能都是需要后天学习的……我们需要教这些东西！

们——是训练出来的，而不是与生俱来的。这就是这本书所要说的内容之一：教师要成为课堂互动的掌控者，而不是做偶然运气的牺牲品。

学校改革中缺失的东西

在进行了数十年以学业成绩为目标的教学改革之后，比如《不让一个孩子掉队法案》和《力争上游》竞赛奖金，教育者们开始意识到有些非常重要的东西被遗漏掉了。对取得成功的学业成绩来说至关重要的社会技能在今天的课堂上正在逐渐被忽视，尽管这些技能在学生们以后的大学生活以及职业生涯准备中有着重要作用。孩子们每天上学放学，却没有养成与他人进行高效合作的好习惯。他们并没有学到如何去尊重他人，友善待人，与人合作以及善解人意。他们也不会成长为有责任心的团队成员，能提供支持的伙伴以及可靠的员工。他们也不会练习实践这些社会技能，而这些技能却能使他们在中小学、大学甚至以后的工作中取得成功。

有人把这些被忽视的领域称为"情感智力"、"软技能"、"人际交往能力"或者"积极行为"，称为"二十一世纪必备技能"。在这些各种各样的旗号下，各个学区也慢慢开始强调学生情感状态问题，学校气氛，"积极行为干预和支持"，社会技能以及合作。于是，形形色色的（或者说极化的）教育者以及销售商以令人目瞪口呆的速度纷纷粉墨登场。

我们目前正在经历一个"社会情绪能力学习"（一般缩写为SEL）蓬勃发展的时期，这种说法看起来似乎也是公平公正的。这种分散的学习活动包含了范围广泛的商业项目和非营利项目，而这些项目能教给孩子们如何管理他们的情感，如何与他人建立关系，以及如何进行有效的学习，不管是作为一个独立的个体还是某个团队的一员。对这些案例进行的早期研究使人们看到了美好的前景：对213个研究所进行的一项主要分析表明，接受这种教育的孩子们在学习成绩上平均提高了11%。

我们现在为什么一定要教给学生合作学习技能？

多种多样的因素增强了我们对社会情绪能力学习（SEL）的意识，提升了我们的紧迫感，并且加速了它在当今学校中的发展。

美国共同核心州立标准（CCSS）的要求

美国共同核心州立标准听说标准明确要求，所有学生都要培养合作学习的技能。定锚标准要求学生们以"两人搭档、小组以及大群体讨论"的形式进行有效的合作。随着学生们年级的提高，相应的年级标准会更加精准和具有挑战性。在幼儿园阶段，CCSS标准希望孩子们做到：

- 以多种多样的伙伴形式参与合作交流。可以和同龄人以及大人以小组或者人数更多分组的形式就幼儿园阶段的话题和文章展开交流。
- 在交流讨论的时候要遵守既定的规则（比如，在别人发言时认真听讲，按照顺序对所讨论的话题和文章进行发言）。
- 通过多人讨论使交谈继续下去。
- 通过对关键的细节问题进行提问以及要求老师说明不懂的地方等方式来确认自己理解了被大声朗读出的文章、口述信息或者以其他媒介传递的信息。

第一章
我们为什么一定要教给学生合作学习技能？

- 提问并且回答问题以便寻求帮助，得到信息，或者阐明不懂的地方。

在五年级的时候，孩子们应该能够：

- 以多种合作形式有效地参与一系列的合作讨论活动（一对一，小组，教师引导），讨论的主题为适合五年级阶段的话题和文章。并且能够总结他人的观点，并以此为基础，清晰地表达自己的观点。
- 在参与讨论前做好准备，提前阅读或学习所要求的材料，并根据自己所做的准备以及其他已知的相关信息清晰准确地对待讨论的观点进行探索。
- 遵守讨论的既定规则并担任好分配给自己的角色。
- 通过发表有利于讨论的评价来提出并回答具体的问题，并对他人的评论进行详细说明。
- 回顾所表达的主要观点，并根据从讨论中获得的信息和知识得出结论。
- 对一篇大声朗读出来的书面语篇或者通过多种媒介和格式呈现的信息，包含视频的、音频以及口头的，进行总结。
- 总结某一位发言者的观点，并且解释他发表每一个观点的理由和证据。

在高二和高三的时候，学生们应该能够：

- 能以多种合作形式主动发起并有效地参与一系列的合作讨论（一对一、小组、教师引导），讨论的主题为适合高二至高三的话题、文章以及问题等。能总结别人的观点，并以此为依据清晰地且有说服力地表达自己的观点。
- 提前做好讨论的准备，提前阅读和研究所要讨论的材料。并且能利用自己所做的准备，通过参考语篇中的依据以及关于该话题或问题的其他研究来激发相互之间经过认真思考并合乎逻辑的观点交流。
- 和他人一起来推动文明、民主的讨论和决定，设立明确的目标和期限，并且设定需要的个人角色。
- 通过提出并回答那些探索推论和依据的问题来推动交流；确保听取了针对

> 现在，我们所说的是真正的"大学和职业生涯准备"。批评家们抱怨说有些CCSS目标是不相关或者陈旧过时的，而这些目标则是非常恰当并且符合实际的。

某一话题或问题的来自各个角度的立场；阐明、证明或者挑战某些观点和结论；并且鼓励不同的和创造性的观点视角。

- 对多种多样的观点能够认真回应；对关于某一个问题的所有方面的评论、论断以及依据进行综合；在可能的时候解决矛盾冲突；找出加深调查或完成任务还需要哪些其他的信息或研究。

- 把以多种形式和媒介（比如视频、音频、口头的）呈现的多种信息来源整合在一起，以便做出合理的决定并且解决问题；能评估每一个信息源的可信性和准确性并且标注出数据间存在的任何差异。

- 评价某个发言者的观点、推理以及对论据和修辞的使用；评判其立场、前提、不同观点间的联系、词语的选用、强调的论点，以及使用的语气。

现在，我们所说的是真正的"大学和职业生涯准备"。批评家们抱怨说有些CCSS目标是不相关或者陈旧过时的，而上面的那些目标则是非常恰当并且符合实际的。掌握了这些听说技巧的毕业生们将会在他们以后的学习、职业生涯发展以及生活中占得极大的领先优势。

对校园气氛、暴力和恃强凌弱行为的担忧

关于我们公立学校里的社会情绪氛围以及公立学校中学生人际关系的报道最近

第一章
我们为什么一定要教给学生合作学习技能？
THE PROBLEM AND THE OPPORTUNITY

几年里经常充斥着新闻报纸的头版头条。那些令人毛骨悚然的校园枪击案，比如那些发生在柯伦巴因和桑迪胡克的案件提醒着我们，我们的校园频繁沦为犯罪的现场，而不再是安全的港湾。尽管自1993年以来美国校园里的重大暴力事件实际上已经正在不断减少，但我们仍然有足够的理由来担心孩子们的安全。

美国疾病控制中心2013年在报告中说，在一项对全国范围内初一至高三年级的学生们所进行的具有代表性的抽样调查显示：

- 有12%的被调查者报告说，在该调查之前12个月的时间里，他们曾在校园里和他人打架。
- 有5.9%的人报告说，在该调查之前30天的时间里，他们有一天或者几天没有去上学，因为他们感觉在校园里或在上学或回家的路上不安全。
- 有5.4%的人报告说，在该调查之前30天的时间里，他们会在某一天或某几天在校园里携带武器（枪支、刀子或者棒球棍）。
- 有12%的人报告说，在该调查之前12个月的时间里，他们曾在校园里被人用武器伤害或者威胁过。
- 有20%的人报告说曾在校园里被人欺负恐吓过，还有16%的人报告说在该调查前12个月的时间里曾被人以电子的形式威胁恐吓过。
- 2010年，12岁至18岁的学生之间，在校园里曾发生过828000起非致命暴力行为。
- 大约有7%的教师报告称曾受到过伤害威胁或者受到过自己学校里某个学生的肢体攻击。
- 在2009年，大约有20%年龄为12岁至18岁的学生报告说在该学年里他们学校出现了帮派势力。

正如疾病控制中心在其报告中总结的那样：

并非所有的伤害都是可见的。青少年暴力和校园暴力可能会导致一系列广泛的负面健康行为和后果，包括酗酒、吸毒和自杀。抑郁、焦虑以及许多其他的心理问题，包括恐惧，可能会产生于校园暴力。

在所有这些问题之中，恃强凌弱的行为已经被优先选为一个亟须对其采取行动的话题。

人们对青少年自杀的担忧也越来越多。根据美国心理学学会（APA）的统计，青少年自杀已经成为15岁至24岁之间青少年死亡的第三大原因，仅次于谋杀和事故。美国疾病控制中心报告称，每年有20%的中学生考虑过自杀，14%的人制订过自杀计划，8%的人尝试过进行自杀。是什么使这些孩子们走上了悬崖边缘？美国心理学协会给出了一个解释：

自杀的危险经常会和外部环境有关，这些外部环境似乎会压垮那些处于自杀危险中的青少年。而由于诱因性的缺陷，比如精神障碍，这些青少年没有能力应付青春期的挑战和问题。典型的压力源有纪律问题、人际关系失败、家庭暴力、性取向困惑、身体和性虐待，以及成为恃强凌弱行为的受害者。（美国心理学协会，2013）

歧视性的纪律实施措施

现在看来，许多传统学校的纪律惩处政策对某些群体的学生来说已经显得很不公平。不管是政府的研究还是私人机构的研究，它们都表明，通过一系列广泛的纪律惩处措施，少数学生被不成比例地排除在了学校之外：体罚、停课、开除，甚至是移送至警察和逮捕。比如，与白人学生相比，黑人学生面临体罚的可能性是白人学生的2倍；被在校内或校外停课或因校园相关事件被捕的可能性是白人学生的2.5倍；被开除的可能性达到了3倍；而面临多次校外停课的可能性则达到了4倍。与此相似，美国原住民学生被多次停课，被驱逐，被采取法律强制措施或被捕，以及面临体罚的可能性是白人学生的2倍。

第一章
我们为什么一定要教给学生合作学习技能？
THE PROBLEM AND THE OPPORTUNITY · 017

所有这些因素相结合致使这些少数民族学生们被排斥在教室之外，这样他们就耽误了学习的时间，成绩落后于同龄人，比其他人更有可能辍学而无安身立命的一技之长。而这又会使已然在恶化的青少年毕业即进监狱的状况雪上加霜。为了应对不断增加的诸如此类的报道，美国教育部长阿恩邓肯在霍华德大学进行了如下呼吁：

或许，最令人震惊的发现涉及纪律方面的话题。有一个令人悲伤的现实，就是全美国的少数民族学生面临着比非少数民族学生严厉得多的纪律约束，甚至是在同一所学校也是如此。比如，非洲裔美国学生，尤其是男生，和同龄人相比，他们遭到停课或开除的概率要大得多。

这些数据并不鲜见。关于学校纪律处罚措施不平等的报道已经延续了几十年了。某些城市，比如巴尔第摩，已经在修正相关的停课措施，以使孩子们都能留在校园内学习。从2000年开始，巴尔第摩已经转而采取了校内纪律处罚措施，并由此将其停课率降低了58%。其他学区和州终于也开始了试验多种多样更加公平、更少带有驱逐性的纪律处罚措施，比如恢复性司法、青少年法庭以及同侪调解。

最佳教学实践需要合作学习技能

尽管最佳实践这个词往往会和模糊意图被放在一起使用，但数十年的深入研究已经对什么才是最优课堂教学达成了一种清楚明确的共识，即它并不是指孩子们笔直地坐在一排排整齐的课桌后面，双手交叉放在桌面上，专心地听老师讲课。最佳的教学实践只会出现在灵活的、分散管理的课堂中。在这种课堂上，孩子们能以多种多样的座位编排形式参与课堂活动，承担各自职责，充满自尊心和责任心，并且互相支持。

依据来自各家教育研究中心、学科研究组织以及标准制定机构的报告和意见，泽梅尔曼、丹尼尔斯和海德给我们提供了一个以学生为中心的、认知的、互动的高效学习模式。这种对于最佳实践的共识可以通过观察下列图表而总结起来。图表显示了从传统教学方式向更多的以学生为中心的教学方式转变发展的过程。

　　正如你所能看到的那样，最佳的教学所能产生的环环相扣的效果不会出现在那种传统的、自上而下的命令与控制式的教学模式中。这种新的范式不仅需要课堂中每个人的独立性，而且它还会创造独立性。最顶尖教学的特有结构和活动需要在学生们中间创造一种普遍的自我意识、自主管理、积极负责、互相协作以及快速反应的氛围。

最佳实践指标

　　这个图表展现了以教师为主的课堂向以学生为中心的课堂转变的运动轨迹。按照这个变化体系进行改变并不意味着完全抛弃了固定的教学方式。相反，老师们应该不断扩展学生们的选择范围，给他们更多可以替代的新选择，允许他们开展更加丰富多彩的活动，创造更加多样化和复杂的平衡。

课堂布置：促进学生们的合作

- 以教师为中心的课堂布置（相互独立隔开的课桌）→ 以学生为中心的布置（大桌了）
- 排列整齐的课桌 → 适应全班、小组以及单独学习的多种多样的学习空间
- 光秃秃的、未加装饰的教室 → 商业化的装饰 → 学生自制的艺术品、作品、作品展示
- 几乎没有的教材 → 教科书和活页 → 多种多样的学习资料（书、杂志、手工制品、教具等）

第一章
我们为什么一定要教给学生合作学习技能？
THE PROBLEM AND THE OPPORTUNITY · 019

课堂氛围：学生积极主动参与

- 通过结果和奖励进行管理 → 通过参与和团体来维持秩序
- 教师制定并执行规则 → 学生帮助制定并实施规则
- 学生们在课堂上保持安静，一动不动，是被动且受控制的 → 学生们在课堂上积极回应，主动学习，是有目的性且独立自主的
- 根据能力划分的固定不变的分组 → 根据任务和选择进行的灵活分组
- 始终如一、一成不变的课程安排 → 根据活动设置的可以预测但灵活多样的时间安排

声音和责任：在教师为中心与学生为中心之间取得平衡

- 教师完全依赖于某个固定的课程表 → 某些主题和研究是从学生们自己的问题中构建出来的（"协商课程"）
- 教师选择所有的活动 → 学生们时常挑选讨论话题，书籍，写作话题，听众等
- 教师指导所有的任务 → 学生承担责任，做出决定，帮助组织课堂生活
- 全部阅读和写作任务 → 独立阅读（持续默读，读书会，或者读书俱乐部）和独立写作（日志，写作研讨小组）
- 教师评估，打分，并且保留所有记录 → 学生们保留自己的记录，设定自己的目标，进行自我评估

语言和沟通：加深学习

- 保持安静 → 有目的的鼓掌和交谈
- 简短的回应 → 精心准备的讨论 → 学生们自己的问题和评价
- 教师拥有唯一的发言权 → 师生问答 → 学生之间交流，师生协商
- 说与写的中心在于：事实 → 技巧 → 概念 → 总和与反映

活动和作业：平衡传统且互动更多

- 教师提供材料 → 学生每天都进行阅读、写作和讨论 → 学生们主动地去体验概念
- 班级教学 → 小组指导 → 种类多样的活动，在个人学习，小组活动和班级整体活动中取得平衡
- 适用于所有人的统一课程表 → 灵活安排的课程表（具有不同但又相关联的主题，根据孩子们的需要和选择来安排）
- 对范围广泛的主题浅尝辄止 → 对精挑细选的话题进行集中深入研究
- 短期课程，一天一次 → 扩展性练习；长期，多步骤的项目
- 孤立主题的课程 → 综合性，跨学科的主题探究
- 重点在记忆和复习 → 重点在学以致用和解决问题
- 简短的提问，填空练习 → 复杂的提问，评估，写作，成绩，艺术品
- 所有人都一样的任务安排 → 根据学生的特点和能力设置的有区别的课程

学生作品和评定：使教师、学生和家长知情

- 为应付教师和评分而完成的作品 → 为真实事件和观众而创作的作品
- 教室/过道展示：没有学生作品被展示出来 → 只有被评为"A"的作品才能展示 → 所有学生的作品都被展示
- 展示的都是相同的模仿作品 → 展示的是各种各样的原创作品
- 教师通过分数和评级来进行反馈 → 教师反馈和师生协商占很大比重且有章可循
- 只有教师能看到学生的作品并进行评分 → 对作品进行公开展示
- 数据保存在教师私人的成绩簿中 → 作品保存在有学生掌管的文件夹中
- 所有的评定都由教师来做 → 学生自我评定成为正式的评定途径之一 → 让

第一章
我们为什么一定要教给学生合作学习技能？
THE PROBLEM AND THE OPPORTUNITY · 021

家长也参与进来
- 在评分的过程中设定标准 → 提前设定好标准 → 标准与学生共同发展

教师的态度和观点：进行专业化的创新活动

与学生的关系是：
- 冷漠的、没有人情味的，可怕的 → 积极的、温和的、值得尊敬的、鼓舞人心的
- 评判 → 理解、同情、探究、指导
- 指挥式的 → 协商式的

对自己的态度是：
- 无能为力的普通员工 → 冒险者/实验者 → 创新、主动、专业
- 孤独的成年人 → 学校众多教师团队中的一员 → 学校之外人际网络中的一员
- 教师培训的被动接受者 → 个人职业发展的规划者

角色观是：
- 专家、授予者、把关人 → 教练、导师、榜样、向导

来源：经史蒂夫泽梅尔曼、哈维"斯莫基"丹尼尔斯以及阿特海德的许可，转载自《最佳实践：将标准带入美国学校生活》第四版，新罕布什尔州朴茨茅斯海尼曼出版社出版。版权所有。

正在兴起的研究：社会情感能力能够被教会

大量真实且不断增多的研究验证了关于合作学习技能的明示教学。在前面，我们引用了杜拉克的分析，该分析表明接受过关键性社会技能学习的孩子在学业成绩方面取得了显著的提高。针对在社会—情感学习中"什么是最有效的"，位于芝加

哥的学术、社会与情感学习协同会（CASEL）致力于收集和传播有科学依据的相关证据。

在很早之前，各种各样的研究人员就已经在密切观察学校风气和学生成绩之间的关系了。一直以来，都有证据表明糟糕的社会情感氛围是和学生不理想的学业成就和考试得分相关联的。国家学校风气研究中心在它发表的《学校风气研究概要》中对最近的发现进行了总结：

学校风气是非常重要的。儿童和青少年的积极发展，有效的风险防范，健康促进工作，学生学习和学术成就，提高学生毕业率，以及教师留任都是和积极持久的学校风气密切相关的。

一条与此相关的调查研究来自芝加哥大学的芝加哥学校研究联合体。经过一系列的研究，安东尼布莱克和同事们发现，"关系信任就是一种'黏合剂'或者基本要素"，它会增强能引起学校改进的所有其他因素。换句话说，只有在倡导友谊和互助的学校里，孩子们才能够更好地学习。

值得注意的是，除了对社会—情感学习的综合性研究之外，在各个独立学科中所进行的调查也交叉验证了上述发现。比如，读写能力研究领域的先驱理查德阿灵顿研究表明，当学生们有规律地和其他同学讨论阅读的时候，他们就会在阅读、理解以及高风险阅读测试中取得明显的进步。在数学领域，人们在社会—情感技能和学业成就之间也发现了相似的联系。在数个研究中，耶鲁儿童研究中心的研究员们均发现在社会能力和学业成就之间存在着密切的联系。正如研究者们所报告的那样，"我们发现，学生们对自己和他人的认知与他们在数学上所取得的成绩之间的关系是非常紧密牢固的"。

我的孩子们，就趁现在

为什么我们需要在课堂上教授社会技能，对此还有一个原因：这就是我们的生

第一章
我们为什么一定要教给学生合作学习技能？
THE PROBLEM AND THE OPPORTUNITY · 023

活。我们如今身处真实的课堂，我们中的每一个人都会和一群学生（或者五群学生）以某种关系相处九个月。为了每个人的斗志士气和安全感，对归属感的渴望，对冒险和成长的需求，我们必须把课堂创建成一个友好互助的地方。我们希望每个人在早晨走进教室的时候都能面带微笑，求同存异，团结一致，互相支持。

我们都是复杂且独立的人，而且我们也可能会把一些垃圾带进教室，但是如果我们能够直率坦诚地解决我们之间的互动问题，并且一起实践社交技能，我们就能够减少矛盾，放下包袱，在朋友们的支持下共同成长。不是相互妨碍打击，相反，我们所有人都能够相互扶持，站在彼此的肩膀之上。这样，在学校生活中，我们每天都能够享受到主场优势。而且，我们希望从现在就开始如此。

如何解决这些问题并抓住机会

在这本书中，我们提供了35课随时可用的课程来解决和应对这一系列所有的问题和机会。这些课程

- 都是和共同核心听说标准直接相关联的。
- 能给学生们带来按部就班建立归属感和个人存在感的体验。
- 能让孩子们感到更加安全以及同他人的更多接触，这样他们就可能会较少去推倒或者欺凌他人了。
- 能够使高度互动、以学生为导向的最佳教学实践在你的课堂上传承下去。
- 能带给你舒适感并帮助你准备好来面对这个新的教学任务——并且享受这种挑战。
- 使你做好准备在自己的课堂上接受评估，通过展示学生们之间顺利、灵活且专注的合作学习。
- 能在逐渐兴起的社会—情感学习领域，以及在相关的、建立时间更久的调查领域给你打下坚实的研究和知识基础。

- 能帮助你现在营造或修补更好的课堂氛围，来解决管理和士气问题，并培养长期的精神和团结。

- 能确保你所有的学生习得合作学习技能，这种技能是他们在以后的教育、工作以及社会生活中所必需的。

我们的行动理论

那么，我们自己的理论背景是什么呢，我们的设想和理论基础又是什么呢？接下来的这个短章节会给你更加详细的答案。

我们先来看一下下章内容：我们从社会心理学、群体动力以及合作学习的世界中走来。我们培养孩子们合作学习技能的方法并不是限制、强迫或者控制他们，而是给予他们更多的责任、控制和选择。我们尊重孩子们的自由发展。给孩子们树立行为的榜样则是我们的责任。我们提供清晰准确的示范，手把手教的练习，无微不至的指导，全面细致的反馈以及系统条理的反思。我们的行动理论正是：逐渐的熟悉会转化为友谊，而友谊又反过来会产生相互支持的行为。在你力所能及创造的那种课堂环境中，可以预见的是，孩子们学会独立及合作的社会策略将会转变为一种自动的行为，而这不仅有助于他们以后的学校生活，更重要的还会使他们受益终生。

另外还有一件事：这些课程都是很有趣的。孩子们会喜爱它们的。

第二章 创造更友好、互助、高效的课堂环境

教学是一件非常非常艰难的工作,而学生们往往都是具有不可预知性的。比如,在我们看来也许是一节最佳练习课的课堂,但在学生们眼中却并非如此,他们会对我们报以大声的哈欠,茫然的眼神,以及旁若无人的窃窃私语和交头接耳。有时我们会尝试着把学生们分成小组。而这时,在之前捣乱课堂秩序的那些人就又出现了。他们会兴高采烈地把所有的小组都脱离正题,开小差而不去听课。作为应对,我们不得不回归到全班授课的形式,仅仅因为这样看起来比较安全一些。但是现在整个的合作学习运动已经来了。如果我们现在不承担教授孩子们如何去做一个文明礼貌、体贴周到的人的责任,就好像我们没有完成既定的教学内容一样。

尽管社会情感能力学习(SEL)运动中的项目和练习有些是可作为榜样的,而又有些是不那么可靠的,但是SEL得保证条件是毋庸置疑的:

- 美国《共同核心州立标准》在学习和社会两个方面的条款均对大学和职业生涯准备做出了规定。所有的学生必须能够做到运用课本中的详细论据来论证自己的观点,同时他们还必须能做到仔细听讲,提出新观点,尊重他人,以及礼貌地表达不同意见。

> 拥有SEL技能的学生在学业上的表现会更加出色。接受过这些培训的学生在成绩测试上的得分比那些没有接受过培训的学生要高出11个百分百点。

> 研究表明，对孩子来说最为有效的社会技能培训并不是规模庞大的、全校范围内的项目，而是简单的、由教师引导的班级项目。

- 越来越多的州开始采用SEL标准，这个标准通常来说包含三个技能要素：自我意识和自我管理，社会和人际关系意识，以及决定和负责任行为。
- 学校非常重视学生的学业技能，而雇主们则认为沟通、协作、批判性与创造性思维、独创性、创新，以及勇于冒险等也具有同等的重要性。
- 在进行统计调查的时候，大约有66%的高中学生表示他们对日复一日的学校生活感到很厌倦。
- 拥有SEL技能的学生在学业上的表现会更加出色。接受过这些培训的学生在成绩测试上的得分比那些没有接受过培训的学生的得分要高出11个百分百点。
- 得到提高的社会和情感技能会减少扰乱课堂秩序的行为。

你看明白上面最后那两条了吗？当孩子们熟练社交技能之后，他们就能够取得更好的学习成绩并表现出更好的行为举止。某些形式的SEL也许就是我们开始新的教师梦想的途径。而在这个新的梦想中，孩子们遵纪守规，互相尊重，并获得了学习的主动权。

接下来，就看一看真正有意思的部分吧：研究表明，对孩子来说最为有效的社会技能培训并不是规模庞大的、全校范围内的项目，而是简单的、由教师引导的班级项目。也就是说，和那些强制性的一系列项目相比，我们当老师的在课堂上所做的事情可能会对学生的行为举止和考试成绩产生更大的积极影响。

从一个搭档开始

让学生们专注于任务的最简单方法就是把他们两两分为一组。这就是为什么在我们最开始的三个家庭中所有的课程使用的都是搭档。为什么两人一组会如此的富有成效呢？首先，当学生们以两人一组的搭档形式进行合作的时候，他们整体的投入度就会很高；因为在任何一个时刻，小组里都会有50%的成员在针对材料发表谈论。其次，对学生们来说，两人一组的形式更易于他们对合作进行管理控制，即使他们并没有什么合作学习的经验。在两人小组中，你需要做的就是把注意力集中在一个人身上。你并不需要巧妙地把别人也包含进来。你也不需要仔细倾听以便把各种各样的观点结合起来。你不太可能会完全垄断一次谈话。另外，两人一组还能够使任务迅速进展。想一下你自己的委员会工作吧：委员会的规模越大，做任何事情所要花费的时间就越长。

关于两人一组的另外一个好处就是便于监督，特别是当搭档们并排坐在一起的时候。我们喜欢把这种安排称为"肩并肩的搭档"，以便与正对而坐的"脸对脸的搭档"相对比。本书第一课的重点就在于组成肩并肩的搭档。尽管这一课只用了几分钟时间，但它对课堂管理来说仍是至关重要的。当学生们正确地两两搭配之后，教室里的桌椅既不会妨碍学生们的互动，也不会阻碍你在教室里方便快捷地来回走动。专注任务行为的基石就是教给各小组怎样才能尽可能近地坐在一起。搭档们坐得越靠近，他们就越能更好地把注意力集中在彼此的身上，而忽略掉教

> 如果你注意到学生小组受到他人干扰而分散注意力,那么就看一下教室里的桌椅是如何摆放的,学生们相互之间的座位距离有多近,以及哪个小组成员是面对面坐着的。

室里的其他人。因此,这里有一个简单的小技巧:如果你注意到学生小组受到他人干扰而分散注意力,那么就看一下教室里的桌椅是如何摆放的,学生们相互之间的座位距离有多近,以及哪个小组成员是面对面坐着的。想要和其他小组的成员说话的人会把他们的身体倾斜一定的角度以方便谈论一些与任务无关的话题。不正确的坐姿还会给搭档传递这样的信息:"我对你或者你所说的都不感兴趣。"

到了现在,你也许会问,"难道你们从来没有使用过多于两人的分组吗?"不,我们使用过,但是在我们选择多于两人的分组之前,我们会问自己一个问题:我们为什么需要使用一个更大的分组呢?当然,有很多充分的理由:文章错综复杂,讨论需要多种不同的声音,或者这个项目是多层面的。我们确信你还能够想出许多其他的理由。然而,如果我们想不到一个真正充分的理由来使用更大分组的话,那么,我们就会坚持使用两人一组的形式。

如果你确实选择了较大的学生分组,那么我们建议你每个小组的人数不要多于四个,除非你的班级缺勤率很高而且你能可靠地保证小组的第五个成员没有来。不管是使用两人小组的形式还是更大的分组,同样的设置规则都是适用的:小组成员们需要移动桌椅以便他们能尽可能靠近地坐在一起,完全地相互面对,并且屏蔽掉来自其他小组的视觉和听觉干扰。正如我们在前面所提到的那样,半对着就座或

第二章
创造更友好、互助、高效的课堂环境

者侧着身子就座都是有目的地准备开小差的姿势。这时候，教师们就要毫不犹豫地让这个小组的成员站起来，然后帮助他们重新摆放桌椅，以便你能够更加方便地监督他们。而且，这样做学生们也能更好地把精力集中在彼此身上。学习如何在紧凑的条件下使用并不舒适的桌椅进行正确地分组是需要掌握的另一项技能。此外，你会注意到我们把较大的分组留到了后面的课程里，因为他们需要更多的人际交往技能——这些技能都将会被明示性地教给学生们，然后让他们进行有规律的练习。

创造一种相互熟悉的环境

我们的核心理念是孩子们必须对彼此有深入且亲自的了解。本书的第二课是采访你的搭档，它要求小组中的两个人轮流分享自己的个人经历、兴趣爱好以及观点看法。之后，在较大的小组形成的时候，我们就会使用这种相互熟悉活动的一个版本，它被叫作成员资格表格。在小组会面的前五分钟里，小组成员们围绕着一个低风险的话题分享他们的经历和故事。这种同龄人之间的闲聊也许听起来肤浅，但是这些简短的交谈能让学生们建立起合作的友谊。想一下你所在那个小组拥有极高效率和极高士气的情形吧。有可能出现的情形是，他们非常享受这种相互之间的友好关系，并且经常和彼此分享个人的信息和故事（比如结婚照片、电影推荐、小道传闻等）。

这些打破僵局的交谈还能让学生们学会如何去认识更多的同学。大多数孩子都并不擅长自来熟，而且我们认为，随着年龄的增长，他们会变得越来越沉默寡言和自觉。多年来，朋友交往圈也会变得僵化保守，而且孩子们实际上并不会扩展他们的人际交往网络。南希还记得她大学二年级学化学时的情景。整个学年，她在实验室的搭档都是同一个人，但是她却从来没有和他进行过一次单独交谈。他们来做实验，然后完成工作，但是他们完全遵从实验室指示的做法却从没有给过他们了解彼此的机会。

> 频繁地更换搭档能给孩子们许可，以便让他们与他人进行交流。这反过来又能帮助他们意识到这些人并非真的如此不同，而那仅仅是他们先入为主的想法。

　　使人们相互熟悉是非常重要的，有很多理由可以证明这一点。第一，相比之下，人们很难刻薄地去对待他们认识的人。那么，你认为是什么原因使那些人能自由自在地在互联网上四处撒野、大放厥词的呢？原因很简单：匿名。

　　没有人真的想被别人看成是一个尖酸刻薄的人，但是当你不认识某个人的时候，那么无视他们或者不尊重他们的感情就会变得非常轻易了。另外，对那些我们认识的人来说，我们负有更多的责任。很多时候，小组成员开小差的行为往往是由于没有熟人。而辜负陌生人的期望并不会使我们感到多么的内疚。第二，学生们需要在一个多元化的世界中展示自己。但如果让他们选择的话，他们宁愿跟朋友们黏在一块。而且，你知道吗？成年人也会做同样的事情。不信的话，你可以去参加一次会议，看看有多少人是愿意和朋友们分开，然后自己站在门口去认识新朋友的。他们不会这么做。频繁地更换搭档能给孩子们许可，以便让他们与他人进行交流。这反过来又能帮助他们意识到这些人并非真的如此不同，而那仅仅是他们先入为主的想法。第三，当你逐渐了解他人的时候，你就会对他们的想法更加感兴趣。只有小组成员对彼此观点感兴趣的讨论才是最佳的讨论。而这产生的必然效果就是，对彼此观点都感兴趣的学生们将会更有可能去承担风险并分享他们自己的思想。

第二章
创造更友好、互助、高效的课堂环境

创造一种尊重、包容和感恩的环境

本书开头的其他课程是专门重点讲解学生们需要如何对待他人的。第一个把这个概念联系起来的课程就是第三课：主场优势，它的目标就是帮助减少那些勉强以幽默来伪装的贬低别人的行为。接下来的那一课则是明示性地教给学生们友谊和支持的社会技能。尽管这看起来似乎是一个每个进入学校的人都应该熟知的技能，但却经常缺失。学生们也许能给他们最亲密的伙伴以友好和支持，但即使在那时，它也是通过暗示而不是口头来表达的。我们希望孩子们能更加活跃、更加广泛地表达友好和支持。当小组中的某个人提出了一个你从来没有想到过的有趣想法时，你就大声地告诉他们！对别人独一无二的技巧和观点明确地表达欣赏之情能让小组成员们感到他们是被重视的。当小组的每个成员都得到了重视，尊重和包容自然就成了小组的一部分。

你会注意到在我们的课程中还有一些其他更重要的东西，那就是大多数的课程都是以小组成员之间相互表达感谢结束的。尽管有些人也许会认为这是提前安排好的、矫揉造作的行为，但是我们的课堂经验告诉我们不对他人的努力表达感谢的学生同样也不会得到他人对自己所做努力的感谢。我们认为，学生们确实经常会感激自己的同学——以及老师——所做的工作，但是他们却从来没有想到过要把这种感激表达出来。这就是我们需要改变的地方。为别人付出的努力而表示感谢能创建一种积极健康的环境。那些受到感谢的人们想要回归群体并且重新在一起工作。就在不久前的某天，一篇关于感恩的文章出现在了《华尔街日报》上，标题是"以感恩的心态教育孩子"，研究发现，说"谢谢"会对孩子们大有裨益。这篇文章指出，感谢他人以及心怀感恩的孩子会对学校和生活有着更加积极的态度，而且还会有更高的平均成绩（GPA）。另外，那些整日里抱怨不止的孩子相比之下则会成绩较低，而且他们变得抑郁、嫉妒以及难以满足的概率更高。这篇文章还

> 为别人付出的努力而表示感谢能创建一种积极健康的环境。那些受到感谢的人们想要回归群体并且重新在一起工作。

指出，孩子们需要被教会感恩，而且这需要示范和实践。据这篇文章所载，"感恩之心就像肌肉一样"。收缩的越多，感恩的也就越多。那就意味着我们这些当老师的都成了私人教练了！

承担起个人应付的责任

当学生们和他们的小组会面的时候，他们需要在三个关键时刻对自己进行有意识的评估。首先，在会面之前，学生需要主动地决定：

● 我需要做什么来为这次会面做好准备并且成为一个完全的小组贡献者？我怎样来保证及时地完成这种准备工作？

有时候，小组成员们有机会在会面之前就直接在课堂上完成了准备工作。（我们就是这样来安排本书的课程的，因此大部分的课程都能在一节课或更短的时间内展开。）然而，随着学生们年级的不断提高，这种准备工作就变成了家庭作业的形式。如果学生们是在文学圈，那么每个成员都需要阅读选定的章节并且准备好讨论笔记。如果学生们是在写作圈，那么每个人都需要带来一篇写好的文章以供分享。如果学生们正在做一个研究项目，那么每个成员都需要负责在下次会面之前完成特定某一部分。

第二个关键时刻出现在会面的过程中。在这时候，一个熟练的合作者会问自己三个问题：

第二章
创造更友好、互助、高效的课堂环境

> 学生们需要明确地表达出他们是怎样对小组做出贡献的以及他们是怎样帮助别人也做出贡献的。

- 我所做的贡献会对这次会面产生怎样的学术影响?
- 我必须运用什么技能才能帮助小组在高水平下运行?
- 我用什么样的方式才能向小组里的其他成员学习?

由于学生们是在一起合作的,我们就借此机会使他们形成了一种个人责任的意识。学生们需要明确地表达出他们是怎样对小组做出贡献的以及他们是怎样帮助别人也做出贡献的。他们还需要明白不进行准备,不超前考虑,或者不设定进步目标所带来的负面影响,而这就是承担个人责任。

那些一提到分组合作就抱怨连天的人,或许是因为他们曾经被困在成员不负责任的小组里。时不时地,你会偶然碰到对团队合作冷嘲热讽的文章。这些文章嘲笑团队合作,认为它是在毫无意义地浪费时间,倾向于进行循环往复的头脑风暴,毫无想象力的思考以及合作的压制。然而,当你仔细阅读这些文章的时候,结果就会发现这些团队之所以会失败是因为个人责任的预期不明确。任何高水平的小组想要全力运转,小组成员就要准备好他们最大的贡献以及他们最佳的人际交往技巧。这就意味着,一个工作小组必须有明确的目标和对每个成员的明确预期,学生小组当然也应如此。

明示性地教授人际交往技能

大多数学生来上学的时候并不具备在一个小组里发挥作用所需要的所有技能。

然而，既然我们是教师，那么我就应该教给他们这些技能，并让他们在每次合作的时候都对这些技能进行实践。但是，有些时候，教师们并不是很情愿去明示性地教授这些人际交往技能。有些人觉得它有点过于"感情外露"。还有些人对它们的内容所表现出来的浪漫主义色彩抓住不放：具有吸引力的课程教材本身就应该足以产生良好的小组互动了。于是，有些人就开始等待那些符合他们期望的孩子们的到来。他们期望这些孩子们在九月开学的时候就已经具备了这些技能。

如果你感受到了这些类型的勉为其难中的任何一种，那么，我们推荐你把它们全都推到一边，然后尝试几节明示性的合作学习课程。一旦你开始执行，你就会感觉像是在进行智能课堂管理，而不是走上了某个黏糊糊的岔道。你再也不会等待正确的孩子们现身了，因为你将会确保你每年都能有"一个好的团体"。而且，正因为进行了培训，你的具有高度吸引力的课程材料将会带来高质量的讨论，因为孩子们将要拥有利用它的那些技能了！

社会技能的学习阶段

如果你仔细观察一下我们的人际交往技能课程，你就会注意到它们全都遵循着相似的格式。要使孩子们接受一个技能首先就要让他们意识到这个技能的必要性。然后，我们让学生们想象一下下面的这些问题：如果他们运用了这种技能，那么所在的小组将会怎样运作？观察者会看到什么类型的身体语言呢？成员之间会对彼此说些什么呢？最后，学生们开始和他们的搭档或小组对这种新的行为进行实践。这种实践是需要一些时间的。学习一项新技能需要经历四个可以预测的阶段。

1. **不适和逃避**。事实上，对那些以前从来没有向他们的同龄人大声表达过友谊和支持的学生们说"你的回答棒极了；我都没有想到那样的答案"之类的话会显得奇怪且不自然。在开始的时候，学生们会试图避免使用某个技能，而且可能会对

第二章
创造更友好、互助、高效的课堂环境

它产生争论，因为它使他们感到不舒服。要记住，孩子们越是抵制某个技能，就说明他们越需要它。为了应对这种抵制，你只需要耐心地微笑并且坚持下去，对学生们说你不会离开直到听到他们的小组对这个技能的某些具体运用为止。在那个时候，小组成员们就会放弃抵制，因为他们巴不得你赶紧离开。一旦你听到了那个技能的实际运用，就立刻充满激情地表扬他们，然后继续走到下一组。

2. **假装使用**。如果你坚持不懈，你的学生们就会放弃抵抗。现在，当你顺便走到他们的小组的时候，他们就会集体约定好，"噢喔，最好还是说一下她想要我们使用的那个技能吧"。当你观察他们的时候，小组成员们每次都会说着同样的死记硬背下来的话语。如果他们能够扩展他们的技能，那当然是好事，但是孩子们现在仍然有点儿不适应。但是，至少这一次你没必要刺激他们！对他们熟练度的进步表示庆祝，然后继续吧。

3. **过度使用**。在这个阶段，小组成员最终接受了这个技能。事实上，现在它变得有点儿意思了——就像是某种只有圈内人才能领悟的笑话。他们相互之间进行挑战，看谁能成功使用课堂列表上的每一个语句。每隔一分钟他们就会举手击掌一次。在外人看来，这一切也许看显得有点儿愚蠢可笑，但是小组成员们已经发现，当他们使用这些技能的时候，他们确实有了更多的乐趣并且彼此都很开心。当他们模仿这一过程的时候，开心起来吧。和小组击掌，然后对他们极端的技能使用进行表扬吧！

4. **综合运用**。当学生们到达这个阶段的时候，他们就做到了技能的适当和自然运用。他们不用再停下来，然后想"我最好使用这个技能"了。相反，当他们听到另一个成员说到某些真正有趣的事情的时候，他们张口就会说，"哇，我甚至都没想过那个！"学生们要到达这个最后的阶段需要花费很长的时间。但是，学生们在一起进行合作的机会越多，你对他们的技能实践鼓励得越多，他们达到融会贯通的速度就越快！

> 学生们就应该被分成小组学习，如果小组能够提高任务和学习的话。

在对一个技能进行了初步了解之后，提高熟练度的最好方法就是坚持让孩子们在一次又一次的会面中日复一日地使用。

积极的相互依赖

如果某个任务依靠个人也能完成的话，那就绝对不要把学生们放在一起。这就是我们坚持要求学生们独自准备讨论笔记的原因之一。我们希望他们能静下心来深入思考，总结出他们自己关于讨论内容的独一无二的想法。而当学生们在一起准备某个讨论的时候，面对着彼此，结果往往是他们并不能给小组带来多少新鲜的观点。还有，在这个阶段进行合作往往会产生一种团队合作否定者们经常引用的"合作抑制"。不是去提出异议或者挑战，小组中不那么自信（或者只想搭顺风车）的学生不出所料就会说，"那真是个好问题。我也正要把它记下来呢。你还想到了什么别的问题？"记住，要想使小组保持高水平的运转，个人责任也必须是高水平的，而那就开始于把你的观点拿到小组里进行分享。当每个人都感觉到所有的成员都在各尽其责的时候，小组才会快速进步。

当一个小组确实面对面地合作的时候，那么积极的相互依赖是怎样产生的呢？

第一，小组的任务仅靠一个人是完成不了的。为了完成任务，小组成员需要相互配合。一个人是很难和自己进行讨论的。

第二，小组负责具体的学习目标。在一次讨论快要结束的时候，我们的课程

第二章
创造更友好、互助、高效的课堂环境

往往会让每一个小组来分享它最为有趣的讨论主题。我建议你进行随机点名来选择几个成员而不是让各个小组自己去指定某个成员来进行汇报。各个小组需要明白每个人都必须能够做到向他人清晰明确地传达信息。小组讨论不仅是一次交流意见和提出质疑的机会，还是一个对小组的学习成就报告进行排练的机会。

第三，小组必须团结合作来完善他们的互动技能。 这些都是你已经明示性地教给他们的技能，而现在则在提醒他们去运用。

反思和庆祝

在讨论结束的时候，学生们需要停下来，然后对他们的互动进行评估。如果是小组的第一次会面，我们则侧重强调他们做得好的地方。我们会问，"你们小组所做的令任务顺利完成并且使你们能够和睦相处的三件事是什么？"明确且有规律地强调自己所取得的成功的小组不仅期待着下一次的合作，而且还会更快地团结在一起，因为这种庆祝不仅增强了小组成员之间的友谊，而且还增强了他们作为一个团队要求取得优异表现的共同渴望。在几次合作之后，我们继续总结积极的方面，但是我们也开始了疑问，"下一次合作的时候，你们能做到更好的地方是什么？"

一开始，当你仅仅给他们增加了一项新技能的时候，你也许会对目标设定进行指导。"今天，在我观察你们讨论的时候，我注意到大多数小组成员还是忘记了提出后续的问题。回到你们的小组，然后想出三种方法来让你们的小组下次记住要提出更多的后续问题。"在你要求每一个小组来向全班报告他们想出的计划的时候，你就已经又一次加强了学生们之间的积极性与相互依赖性。当小组成员检查他们的计划并在讨论中将它付诸实践的时候，这种加深的积极相互依赖会持续到他们的下一次合作。接下来，随着学生们对顺利合作所必需的技能越来越熟悉，他们可能会开始讨论什么样的技能才是他们与众不同的小组所需要的，以便

> *我们拥有明确的国家授权来把我们的课堂重新建造成一个更加友好、互助以及高效的地方。*

对他们的小组进行细微的调整。比如，我们关于桌上卡片的课程就是教给学生们如何去做的。

结论

如果我们接受了这个挑战，我们就能够为学生们的大学、职业以及社会生活做出更大的贡献。接下来就是真正酷的事情了：创造一个友善的、互助的、勤奋的环境会使我们的教室变成一个更加美好的地方。在那里，你愿意花上一个小时、一整天甚至整个职业生涯的时间。

第三章 如何使用这本书

概述

本书有两个部分。一部分是一整套可以投影的技能课程，一共35课，每课包含6张到25张不等的幻灯片（全书一共有468张幻灯片）。这些课程中的每一个都是随时可以在课堂上放映的幻灯片。利用这些幻灯片，你可以教给学生们某个具体的合作学习技能，比如如何成为一个好搭档，提出后续问题，或者与争议话题的双方进行辩论等。虽然我们是用PowerPoint来制作这些幻灯片的，但是它们可以被转换成PDF格式，因此，你在任何平台上都可以播放。

在这本书中，我们还提供了系统的指导来辅助你完成每一个课程。这包括诸多提示、各种变化形式，以及对任何可能出现的问题的警告，每一张幻灯片都有这种指导。此外，我们提供了具体的教学用语供你试用，以便来指导学生们完成课程中更加复杂的步骤。

在我们的设想中，我们想象着你是这样来教授这些课程的：随着你开始一张张地向前放映这些幻灯片，你一只手拿着书把它平放在你的双腿（或者课桌上），而另一只手则拿着一个遥控器。通过保持书本和幻灯片进度一致，你可以看到接下来

> 随着你向前放映幻灯片，我们想象着你一只手拿着书把它平放在你的双腿（或者课桌上），而另一只手则拿着一个课堂表决器。

的内容是什么，并且能迅速地找到我们提供的指导。

因此，在开始上课之前，我们建议你先通读一遍本书，稍微预先演练一下你的授课过程，了解潜在的困难。鉴于其价值，我们认为所有的学校课程都应该用这样的方式来提供给孩子们：用口头的、书面的以及插图说明的形式。我们已经知道投影教学对语言学习者和许多个别化教育计划（IEP）的孩子（就更不用说我们的视觉型/听觉型学习者了）来说是一个至关重要的便利因素。但是，现在我们意识到以多种形式提供课程教学能为教室里的每一个人提升成就（包括教师在内，他们能从屏幕上得到有用的提示性语言）。

幻灯片指南

认识一下孩子们

有了我们的合作伙伴萨蒂亚·莫西斯绝妙的卡通绘画技巧，我们创造出一群学生来代表多年来我们教过的那些可爱的孩子们（见图1）。这些孩子们出现在本书的课程中来对不同的步骤进行说明，并且为有效的社会技能做示范。我们希望你能乐意去逐渐了解他们不同的个性。最后，我们相信他们中一定会有一个你最喜爱的学生。

第三章
如何使用这本书
HOW TO USE THIS RESOURCE · 041

布里　乔恩　温迪　艾弗里　马克　伊芙琳　马特　卢佩

课程结构

本书35套幻灯片演示中的每一套都是一个完整的课程,能帮助孩子们学习并练习某个特定的合作学习次级技能。这些课程需要5分钟到45分钟的时间不等,平均时间在20分钟左右。少数几个较为复杂的课程会延续两节课的时间。但是这些课程并非占用你原来的课程时间。它们不会安排你的学生们去进行毫无意义的互动。相反,这些课程的内容——讨论的话题、阅读的文章或者解决的争论等——都直接来自你自己的主题。

通常,这些课程都会以提出一个问题或者一个需求开始:一个善于思考的好搭档都有什么特点?我们怎样才能有礼貌地表达异议?面对小组中那个一直霸占着发言权的学生,我们该怎么办?我们怎样在长期的研究项目中保持专注?然后,再由教师提出,或者和学生们一起制订出非常具体的解决方案。

孩子们在老师的严密监督之下布置并练习每一个新技能。当课程结束的时候,

> 这些课程的内容——讨论的话题、阅读的文章或者解决的争论等——都直接来自你自己的主题。

学生们就能够把这个特定的技能应用到他们常规的课堂作业中了。如果你熟悉责任逐步释放模式的话,那么你就会明白我们所做的是什么了。每一课都是从教师的开场白开始,然后过渡到一个共同参与的活动,再进行教师指导下的练习,直到最后学生们完全独立。

这些课程是按照从学年开始的开学热身活动到之后更深层次的合作学习的次序进行安排的(稍后会有更多关于教学顺序的内容)。有些课程的设计目的是让学生们进行重复学习的,还有些也许只教一次就足够了。例如,在孩子们进行小组合作的每一天,南希通常都会让他们做5分钟的成员资格表格互动,就这样持续一整个学年。她还会每隔几个星期就进行一次重新分组,目的就是持续不断地增强学生之间相互熟悉度,以便学生之间能相互友好以及相互支持。

许多课程所教授的社会技能都是那种一旦掌握就不再需要引入步骤,而直接能在后续的课堂中使用的技能。比如,"你站在哪儿?"就是一个对两极分化的问题进行讨论的绝佳结构,而且孩子们在学习了最初的课程之后就可以直接转入这个问题上。其他的就像"论证正反两方的观点",也许需要不断重复的练习,因为涉及的技能都非常具有挑战性且需要重复的练习。还有些你会跳过去,因为你的学生们已经掌握了那项技能,或者仅仅是因为目前来看它还不是一个优先的选择。

第三章
如何使用这本书
HOW TO USE THIS RESOURCE · 043

> 记住，现在花费的时间就是一种投资，而它将会在全年的课堂氛围以及学生学习方面给你丰厚的回报。

课程顺序

这些课程以粗略的时间顺序进行排列，可分为七大类：

- 相互熟悉
- 培养合作技能
- 进阶的双人合作
- 转向小组活动
- 长期合作的讨论组
- 和而不同
- 小组计划

你也许会在刚开学的时候教给学生们最前面的那些课程，然后按照顺序依次教下去。每一大类里面的四到六个课程也是有顺序的，但是大多数的课程都可以按照不同的顺序来教授——怎样对你和你的学生最有效就怎样教。

本书的设计适用于整个学年：35课，或者大约平均一周一课。由于这些课程大多只占用5分钟到45分钟的时间，它们应该能够融入到你的课程安排中去。当然，它们也不会百分之百地适合一周一课的模式。首先，我们建议你在同一周之内把第一大类中的五个课程都教授完毕。在这之后，随着课程的展开，你就会找到和你的课程安排以及你的学生们相适应的正确顺序和进度了。最后，在你为这些课程腾出时间的时候，要记住，现在花费的时间就是一种投资，而它将会在全年的课堂氛围

以及学生学习方面给你丰厚的回报。

可以自由地进行即兴发挥

你也许会有充足的理由来对这些课程进行个性化的设置以使他们适合你自己的实际情况。

现在也许并不是学年刚开始的时候。当然，第一印象的力量是非常强大的，而且刚开学的那段时间无可争辩地为我们提供了一个特殊的机会来塑造学生们的社会能力和学习态度，但是不要紧。因为开始教授这些课程的最佳时间就是你下定决心要把你的课堂变得更加友好、安静、专注、高效以及有趣的那一天。许多教师在年中才开始了这些课程。在经历了一个不平静的开始之后，他们感觉到自己的课堂氛围需要得到改善而孩子们的合作学习技能也需要得到直接的满足。我们最喜爱的成功案例来自那些"处境岌岌可危"的老师。因为他们对自己那群难以管教的学生束手无策，这才转而求助于我们的课程。

我们大致的时间表也许并不适合你的学生。也许在来到你班里的时候，他们就已经具备了高度熟练的合作学习技能，因此希望提前跳到后面的课程去。又或者，他们来的时候并没有任何的互动合作经历，因此需要花费更多的时间在最初的那几类课程上。也许还会有另一群表现出惊人的差距或者亟需弥补的缺陷的学生出现在你的面前。这就要求你对课程进行跳跃式的选择，来挑选出当前对他们最为合适的课程。因此，在排序和使用这些课程的时候，我们希望你能积极主动且根据实际情况做出选择。

你不需要教授每一课。我们认为大多数孩子都会从所有七个大类的技能培训中得到好处，但是他们没必要对每一个大类中的每一个课程都进行学习。你要对学生们在每个大类中所需的课程量进行判断。

你可以对课程进行重复教学。实际上，对于某些课程，你也许需要教上许多遍

第三章
如何使用这本书
HOW TO USE THIS RESOURCE · 045

才能让学生们熟练地掌握它们。往往，在重复教学的时候，你会换一个新的讨论主题（或者文章或者主题概念），但是仍遵循相同的教学步骤，以此来强化技能或者给学生必要的练习。

创造属于你自己的课程。 在你对我们的课程进行教学的时候，你很快就会发现它们的基础结构非常简单。因此，你能够以我们的课程为样本开发出更好的课程。当你的学生们表现出了某个本书没有涉及的社会技能问题或者缺陷的时候，那么，就去创造出属于你自己的课程吧！

提示

除了那些"自我教学"的幻灯片之外，我们还为每一个课程都提供了几页书面的辅助材料。这些材料不仅解释了为什么以及何时去教授这些课程，而且还为每一张幻灯片提供了指导、建议和支撑。这些提示中有许多都是简洁明了的（比如，"在孩子们练习的时候，一定要在他们中间来回走动"），而另外一些则相对提供了比较复杂的辅助。有些课程要求即时地改变，创造可以预见的挑战，或者提供有用的变化形式。因此，尽管我们已经尽了最大努力来为你安排好每一步的顺序，你仍然需要做出许多"临时决定"。所有这一切都被预先展示在了提示中。下一页上的例子会向你展示这些提示是如何安排以及是如何发挥作用的。

如何使用课程和提示

标题显示了该课程的社会技能或活动的名称。

为什么使用该课程？解释了相关特色活动的价值。

什么时候使用它告诉了我们该课程最佳的建议使用时间，即在学年中的什么时候或者在学生合作能力发展的哪个时刻使用该课程是最合适的。

准备事项列出了你将会需要的材料以及课前需要考虑的要点。

课程 19. 作品展览

为什么使用它？

正如课程中所解释的那样，画廊是人们欣赏艺术家和创作家的作品并与它们进行互动的地方。应用到课堂上，作品展览就成了我们最喜欢的"站起来思考"的活动之一。它能让孩子们积极地在教室里走动，同时谈论并思考其他学生关于某个课程话题的作品。不，在我们让他们离开自己的座位的时候，他们并不会失去控制，只要我们给他们制定了参观作品时的道德规范以及仔细的参观步骤——就像他们在真正的画廊里所做的那样。

什么时候使用它？

当孩子们创作出了大型的或者图画的作品，并且需要与许多同学或者全班进行分享的时候，它就成了我们的首选结构。

准备

· 复印一篇有意思的短文、故事或者诗歌，并分发给每一位同学。
· 准备好所有的材料：较大的海报纸（你也许需要去某个小学生班级找这种东

> 作品展览是我们最喜欢的"站起来思考"的活动之一。它能让孩子们积极地在教室里走动，同时谈论并思考其他学生关于某个课程话题的作品。

西），彩色马克笔，胶带，若干备便利贴。
· 想一下在教室（或者走廊）的什么地方你能摆放一排排间隔合适的海报，以便各小组在其中自由地走动。

课程

幻灯片 1

标题：作品展览

幻灯片 2

→ 这张幻灯片介绍了艺术画廊的文化和目的。你可以问一下学生们谁去过博物馆或者艺术画廊，然后让志愿者来描述一下这些博物馆或者画廊的目的。

幻灯片 3

→ 让学生们看一眼教室的墙壁。这些墙壁也许是空白的，也许被装饰满了各种各样的东西。谈论一下要把这面墙变成画廊都需做些什么。
→ 对于把孩子们的绘画放在什么地方，你应该早就有了自己的主意；也许，某些装饰物品需要被暂时地取下来、搬走，或者盖起来。思考一下展示区域周围的参观路线和潜在的障碍。

幻灯片逐页提示提供了逐步教学指导以及和幻灯片相辅相成的斜体教学用语。

缩略图显示了学生们在每一个课程步骤中所能看到的内容并能帮助你保持当前的位置。

第三章
如何使用这本书
HOW TO USE THIS RESOURCE · 047

评估和评分

一般来说，我们不会对这些简短的社交技能课程进行正式的评估。相反，在学生们开始进行课程设置中的后续工作的时候，我们就会对他们的"理解程度"进行追踪。正如我们观察到的那样，在我们监督各小组或者搭档们的时候，我们或许仅能做一些粗略的笔记或者制作一个简单的注释说明，然后把它放在写字夹板上随身带携带。这种简单的说明可能是通用性的（见图表3.1），也可能是对本书某个特定课程核心目标的反映（见图表3.2）。

参与分

为了达到让学生为自己负责的目的，我们也许会决定或者需要给那些仅仅是全身心参与到我们的多级课程中来的孩子们得分。如果你读过我们之前的著作，你就会知道对于这种活动，我们最喜欢使用"有诚意的努力"的评分形式。如果学生们在课程中表现出了时刻准备好去完成任务的状态并且能和他人进行充分交流，那么他们就能得到10分。如果他们达不到这个标准，那就是0分——没有中间的3分或者7分。这种打分方式就是，要么得满分要么就不得分。

问题解答

那么，我能把学生们分成各种规模的小组吗？如果人数不正好怎么办，不管是双人小组还是其他人数的小组？

我们确实非常重视具体的小组人数——因为我们希望把每个孩子的发言时间和责任都最大化——并且利用积极的同伴压力来让每个人都加入进来。前四大类的课程需要孩子们和一位搭档进行合作（搭档会发生变化，但都是两人小组）。当你的分组都是两人小组的时候，那么有50%的概率事情会朝好的方向发展。如果人数是

图表3.1 社会技能观察通用注释表格

课程单元：
日期：_____ 课时：_____ 时间：_____

姓名和活动	社会技能 显现/失误	教师行动步骤	
		个人	班级
杰西卡 "危险犬类"辩论	• 与既定的搭档合作表现出色	• 竖大拇指	
	• 运用了文本中的证据		
	• 放弃了自己坚持的观点以寻求妥协		
杰瑞 "危险犬类"辩论	• 主导了计划中的交谈	• 对小组进行发言时间指导	• 复习分享发言机会的课程
	• 插嘴三次		
	• 热情高涨；文本证据单薄		

图表3.2 社会技能课程注释表格

课程：论证正反两方的观点
日期：_____ 课时：_____ 时间：_____

姓名和活动	社会技能 表现/失误	行动步骤	
		个人	班级
布拉德 研究小组	• 忘记材料	• 给他写个字条	
	• 没有正面面对搭档们		• 微型课程？
	• 不会改述		
朗达 读书俱乐部	• 帮助杰夫找到了网址		• 用作明天的例子？
	• 鼓励汤娅发言		
	• 总结了简的观点		

表格下载地址www.corwin.com/teachingsocialskills

第三章
如何使用这本书
HOW TO USE THIS RESOURCE · 049

奇数，可以安排一个3人小组——或者你自己去充当那个落单的学生的搭档。随着人数上升到4人，不可避免的是总有些时候这样会行不通。有那么一两个3人或5人小组也没关系。但是，一定要使各小组的人数尽可能地接近，不能让这个小组6个人那个小组2个人。为了让学生们深入参与进来并承担起个人责任，我们偏向于选择人少的分组而不是人多的分组。

我的学生们相互之间已经非常熟悉了，那么我能略过那些相互熟悉的活动吗？

我们曾经在一些农村和私立学校开展过课程。在那些学校里，孩子们从小就相互认识，而且看起来都相处得很好。这是一个非常有优势的出发点，但是如果你看得更深入些，你就会发现每个人相互之间在一起的时间并不是真正相等的。我们还发现，在这些小组中那些长期存在的敌意并不能得到化解，而且老师们也往往并不会真正地强迫每个人进行合作。因此，答案是否定的。不要略过这个熟悉—友好—互助的循环。如果有学生抱怨，"但是我早就认识兰迪了，"那么就向他们强调我们要了解关于彼此的新情况，找出那些我们还不知道的事情以及让我们每个人都变得独一无二的东西。此外，孩子们每年都会发生变化，遇到一些给他们带来深刻改变的新经历，因此我们需要不断地熟悉这些在我们眼前逐渐成长变化的人。

我在一所氛围恶劣的学校教学，这里的许多孩子都加入了相互敌对的帮派。他们相互憎恨。这些课程怎么可能会管用呢？

我们理解你所处的现实情况。这也需要花费更长的时间并且也会更加的反复无常，但是我们的这种课程是解决方案的一部分，而不是问题的所在。斯莫基和几位同事曾经在芝加哥市的一所中学工作了8年的时间。那里的许多孩子都和黑人帮派以及西班牙裔黑帮有牵连。在学校之外，有些不好的事情发生。但是，在学校之内，我们从来没发生过一起帮派事件，而且孩子们彼此间都能友好相处、互相帮助——因为学校的全体教职员工们都是先亲自示范，然后再教给学生们。当文明礼仪确实失去作用的时候，我们还有一个同侪调解系统，它能非常有效地在

冲突有可能升级之前将其解决。因为：不受控制的人最厌恶的就是去了解他人。当我们对人们有了私下了解的时候，就越来越难以把他们妖魔化，贬低他们或者不尊重他们了。

你准备好了吗？让我们开始社交技能学习之旅吧！

Part 2
第二部分

合作学习技能
35课

Lessons for Building Social-Academic Skills

第四章 相互熟悉

我们的5个开场课会帮助你开始培养学生们积极参与和互相帮助的能力。这些课程确保班级里的每一个学生都开始认识了解彼此,不是通过名声或者过去的经历,而是通过在此时此地的直接合作。我们频繁地进行搭档轮换,这样每个人都能有和其他所有人面对面的机会。在这个过程中,我们要求在这个过程中,我们要求孩子们对他们的这些亲身经历进行回顾反思,然后说出有哪些具体的行为使他们与别人的合作变得更加好玩和有趣。

你可以在学年开始的时候使用这些课程,也可以在任何你决定提高班级社交能力以及班级效率的时候去使用它们。如果你的学生们彼此之间已经非常熟悉了,那么就对他们强调我们要挖掘出新的信息,"我们还不知道的关于彼此的事情。"为了给学生们留下最深刻的影响,我们建议你按照顺序在连续五天的时间内把这五个课程一次性教完。

课程1. 组成搭档

课程2. 采访你的搭档

课程3. 主场优势

课程4. 友谊和支持

课程5. 课堂氛围海报

课程1. 组成搭档

◎ 为什么要使用它?

营造互助的班级氛围的第一步,也是看起来最简单的一步,就是让学生们与一位搭档在一起学习,对吧?但是,即使是这个最微不足道的合作行为也不会自动地发生。你已经知道:有的学生有五个搭档,而有的人却一个搭档也没有,搭档们把脸调转180度而互不理睬,自己的搭档抛下自己,却和别人的搭档相谈甚欢。结果是,就连坐下来和他人一起学习这件事也需要清晰准确地教给他们并让他们进行练习。简而言之,安排好你的学生们以便开展成功合作的第一步就是帮助他们调整好位置和身体。

如果你的学生年龄都还比较小,那么在地毯上开展这个课程也是很自然的。如果你的学生们都是初中生或者高中生,那么,你也许需要克服妨碍学生互动的一个传统障碍:那些看起来像是故意设计来把学生们分开的一排排桌椅。而且,即使是大桌子就座也可能会分开学生们,除非你用正确方式进行安排。因此,不要去抱怨学区的设备采购人员了,你要教给学生们如何去安静地适应不同类型的桌椅以便进行良好的交谈——只有这样,你才能轻松地在教室里四处走动,同时监督学生们的参与状况。

◎ 什么时候使用它?

第一课只需要花费几分钟的时间。而且不管是在开学的第一天,还是在任何你决定把合作学习技能教给学生的时候,它都能取得很好的效果。学生们需要适应和许多不同的搭档进行合作,随着他们逐渐地从独自一个人听讲的习惯中脱离出来,转而变成一个积极的参与者。

第四章
相互熟悉
GETTING ACQUAINTED

> 在他们毕业进入更大的群体之前,孩子们需要适应与许多不同的人进行合作。

一旦学生们顺利地组成了搭档,那么就立刻开始课程2的教学。观察搭档们在合作的时候所进行的互动将会向你展示出他们所需要的下一个技能是什么。由于课程1到课程14都是专门针对双人小组的,于是就出现了许多的练习机会。

◎ 准备

·我们倾向于让学生们随机配对(通过生日,抽签,或者把你的班级名单输入到电脑进行随机搭配)因为我们的原则是:每个人都要分别和其他所有人进行合作。学生们不能说"我不想和他或她在一起合作"之类的话。

·预想一下学生们的配对分组。点一下出勤学生的人数。如果人数是偶数,那么每个人都有一个搭档。如果人数是奇数,要么就设置一个(唯一的)三人小组,要么自己去充当那个落单的学生的搭档。

·如果在你的班级里,个别学生之间怀有私仇,而且存在着随时爆发的潜在风险,那么就暂时根据实际需要来分配他们。但是,从长远来看,那些互不喜欢孩子们都必须在一起进行一而再再而三的合作,不管他们喜欢与否。相互熟悉一般会通向友谊,而友谊又会带来相互支持的行为。

◎ 课程

幻灯片1

标题：组成搭档

幻灯片2

→ 放映幻灯片，然后大声地读出上面的内容。

→ 在学生们把课桌移到一起时候，监督他们把课桌并排紧挨着放置。

→ 你希望搭档们尽可能靠近地就座，因为这样会减少他们闲聊的机会。

→ 让学生们清楚课桌的摆放是没有商量余地的。

→ 同时要记住，他们和我们一样，孩子们也喜欢墨守成规。墨守成规虽然枯燥无味，但它是可以预测的而且不需要冒什么风险。如果你的学生们过去习惯于独来独往，那么你就不必惊讶于少数学生的抱怨。合作学习的先驱约翰逊兄弟说过，"你年龄更大，头脑也更加聪明，和学生们的抵抗比起来，你能坚持更长的时间。"这是我们最喜欢的给我们带来保证的话语之一。我们喜欢微笑着对孩子们说，就迁就我几分钟，好吗？

→ 如果你的班级使用的是长桌而不是单人的课桌，那就继续下去，略过那张关于如何移动课桌的幻灯片。

第四章
相互熟悉
GETTING ACQUAINTED · 057

- ➜ 给学生们讲一下如何把注意力全部集中在自己的"并肩搭档"身上,而忽略坐在长桌旁的其他人,以及坐在其他长桌旁的朋友们。
- ➜ 把椅子呈角度地放置在一起来帮助学生们"屏蔽掉"其他学生,不管是从视觉上还是听觉上。
- ➜ 确保把学生们的背包都放置好。
  在学生们移动桌椅的时候,他们的背包可能会正好被放置在了过道的正中央,从而免费为你建造了一个跨越障碍的训练场,而你迟早会因为不小心扭伤脚踝而得到一个填写工伤事故报告的机会。教给学生们,让他们把自己所有多余的东西都放在两人之间的椅子底下。这个背包存放方案不会和搭档们相互靠近产生冲突,而且它能防止那些像蛇一样蜿蜒的背包肩带绊倒从旁边经过的粗心大意的人。

幻灯片3

- ➜ 提问:向某个你从未见过的人介绍自己是什么意思?怎样向陌生人介绍自己才能留下深刻的第一印象呢?
- ➜ 采纳一些评价。
- ➜ 让一位志愿者上来和你一起做示范,如何去做介绍。尽管这张幻灯片上画的是握手的画面(这是在商业世界中的标准做法),但是你也可以用南希所喜欢说的"干净卫生的碰拳头"来代替,如果感冒和流感季节又到来了的话。
- ➜ 给搭档们两分钟的时间来进行自我介绍。

幻灯片4

➡ 大声读出这张幻灯片,然后再增加一点东西。

➡ 当你把自己的搭档作为VIP来对待的时候,你就能从合作中获得更多的乐趣,而且你也会自然而然地和搭档分享工作。因为,在一个真正的工作环境中,最先被解雇的往往都是那些让人厌烦并且不能和他人和睦相处的人。因此,在你和搭档进行良好合作的时候,你实际上就是在练习那些将会使你受益终生的技能!

幻灯片5

➡ 正如你们所猜测的那样,我们通过拖着桌椅在教室里四处转来练习分组并不仅仅是为了得到锻炼。我们将会和许多不同的搭档进行合作,因此,在这里你们可以预先看一下好搭档应该具有哪些行为。

➡ 阅读幻灯片上的条目。

➡ 现在继续进行,过渡到下一个需要双人搭档的课程。

➡ 如果学生们是第一次和搭档进行合作,那么我们推荐接下来进行第二课:采访你的搭档。

幻灯片6

➡ 感谢你的搭档是一个中心主题,你会看到它贯穿于我们大多数的课程之中。尽管有些人或许会批评它是做作、不自然的,但我们要相信下面两点:

- 由于自己的付出而被别人感谢总是会得到人们认同的。
- 学生们——或者成年人——不会经常表达自己的感谢之情,而教室则给学生们提供了一个开始养成感恩心态的绝佳机会。

第四章
相互熟悉
GETTING ACQUAINTED

➡ 如果你和别的老师共同使用一间教室的话，一定要让孩子们在离开之前把桌椅都放回原位。如果你有一个独立且不受他人影响的小学教室的话，那么你就走运了。

附加说明

如果你是一个合作领域的行家，你就会发现这个课程其实是模仿了被正式称为"并肩搭档"的模式——学生们肩并肩地坐着，而不是面对面地坐着（这被称为"对脸搭档"）。在本书后面的课程中，当学生们四人一组就座的时候，每个学生都有两个不同的搭档：坐在他们旁边的搭档以及正对着他们的搭档。在"论证正反两方的观点"等课程中，你会看到我们是如何利用这一点的。

我们选择并肩搭档的形式作为学年的开始有以下几个原因：

- 不管是单人课桌还是长桌，并肩搭档能够（也应该）比对脸搭档坐得更加靠近，因此，当所有小组都专注于任务的时候，你教室里的噪音将会保持在一个较低的水平。

- 并肩搭档更有可能保持注意力在完成任务上，因为他们之间的眼神接触都是直接看向坐在旁边的搭档的。在其他的座位安排中，学生们有可能很轻易地就转向"搭档之外的人"而进行"与任务无关"的闲聊。除了这些干扰当前学习任务的交头接耳之外，他们还会立刻给自己规定的搭档传递这样的信号："我宁愿与任何其他人合作，也不愿意和你合作！"

- 并肩搭档是大卫·约翰逊以罗杰·约翰逊所说的"面对面互动"的基础。在进行了许多研究之后，约翰逊兄弟发现，你和你的搭档或者小组坐得越靠近——四目相对，促膝而坐——小组成员们专注于任务以及致力于提高小组成绩的可能性就越大。在这一点上，我们意见一致。

课程 2. 采访你的搭档

◎ 为什么要使用它?

在我们的技能培训工具包中,采访搭档是最为重要的结构之一。在学生们进行相互采访的时候,他们就启动了一个良性循环:熟悉产生友谊,友谊带来支持性行为。你对某个人了解得越多,就越难以去做一个不负责任的搭档,因为你已经越来越多地投入到你们之间的关系中来了。拥有良好工作关系的学生也有更大的可能性投入到交给他们的合作学习任务中。除了维护人际关系的好处之外,这个活动还提供了一个不具威胁性的平台,可供学生们练习重要的讨论技能:仔细倾听,提出后续问题以及协商讨论话题。

◎ 什么时候使用它?

我们用这个课程作为本书的第二课是有一个原因的:孩子们越早开始进行相互采访,你的班级群体就发展得越快。每个小组第一次进行合作的时候,我们都会使用这一课,然后在接下来的几天里,我们会让学生们轮换数个不同的搭档。正如你将看到的,这个课程的核心是教师示范,而教师的搭档则是一位学生志愿者。在让他们独立进行采访之前,我们仔细地给学生们示范如何去采访一位搭档。之后,在小组每次会面的时候,我们还会把采访用作一项热身活动,比如在学习"成员资格

> 拥有良好工作关系的学生也有更大的可能性会投入到合作学习任务中来。

第四章
相互熟悉
GETTING ACQUAINTED

表格"等课程之前。长期的经验告诉我们,即使一个小组已经合作了一段时间,小组成员们仍然需要短暂的机会来当面了解彼此,以便在每次为讨论进行热身准备的时候,都对彼此增加更多的了解。

◎ 准备

· 事前,决定好如何进行两人分组。

· 决定学生们如何记录采访笔记:使用教师分发的纸张,或者从活页夹上取下的活页,又或者作文练习本。

· 我们要求学生们在进行前五到六个采访的时候做笔记,然后使用这些笔记来跟踪他们作为采访者所取得的进步。当学生们表现出熟练的聆听和提问技巧的时候,你就可以选择省去做笔记的步骤了。

◎ 课程

幻灯片1

   标题:采访你的搭档

幻灯片2

→ 放映并且大声读出幻灯片的内容。

幻灯片3

→ 放映并且大声读出幻灯片的内容。

幻灯片4

→ 让孩子们和他们的搭档坐在一起。

→ 用这张幻灯片,你仅安排好笔记的记录就可以了。将一张纸竖着对折起来就叫作"热狗式样",而横着对折则是"汉堡包"式样。仅作为说明。

幻灯片5

→ 让一位学生当被采访者,然后请另一位学生当速记员在黑板上做记录(你当采访者)。

→ 如果学生们都不愿因做志愿者,那么就提醒他们这个课堂是供他们学习和冒险的安全之地。

→ 当你找到志愿者的时候,要毫不吝啬地感谢他们并让全班同学给他们每个人都报以热烈的掌声。

第四章
相互熟悉
GETTING ACQUAINTED · 063

- ➡ 如果这两位志愿者来自不同的双人小组,那么就把这两个小组剩下的两个人再组成一个新的小组。如果他们本来就是一个小组的,那就不需要做任何调整。
- ➡ 在教室前面放两把椅子以方便做示范。
- ➡ 椅子要按照课程1里面好搭档的就座姿势来摆放。
- ➡ 让你接受采访的搭档就座,并把速记员安排在黑板旁或者电脑前,让他使用与其他学生们相同的两竖栏的格式做记录。
- ➡ 速记员的工作就是快速记下你在采访的过程中所提的问题以及收集到的信息。
- ➡ 提醒全班注意:
  - 速记员的工作非常辛苦,因为它要求你具备非常迅速的思考和书写速度。因此,不要在意书记员对某些单词的拼写方式。你很快就会明白速记员意味着什么,因此,没必要指出一些小错误。

幻灯片6

- ➡ 让搭档们头脑风暴出一些适宜的采访话题。
- ➡ 当他们结束头脑风暴的时候,让各小组主动提供话题的主题思想。
- ➡ 让你的学生搭档挑选采访话题。
- ➡ 在开始采访前,提醒观看的学生们:
  - 要非常仔细地去听,这样你才能提出能使采访继续进行下去后续问题。在进行采访的过程中,我会暂停然后询问你们的想法。此外,这只是做记录的一个范例,在进行自己的采访的时候,你们还需要把这个记录补充完整,因此,一定要保证把速记员在黑板上写的所有东西都抄下来。

幻灯片7

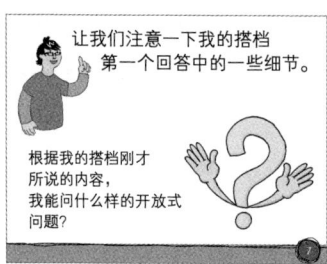

→ 开始采访，让你的学生搭档关于选定的话题谈一点看法。

→ 然后停下来问全班：到目前为止，我们得到的信息是什么？给搭档们三十秒的时间去交换意见。

→ 继续：
- 我想要从我的搭档身上得到更多的细节。在已知细节的基础之上，我可以提出什么样的开放式问题？开放式的问题并非是一两句话就能回答的，你的被采访者必须得真正地做一些解释来回答它。

→ 面向你的搭档，头脑风暴出两到三个可能的后续问题。

→ 点名让一些学生说出他们想到的问题，然后从中选出最有可能的问题。

幻灯片8

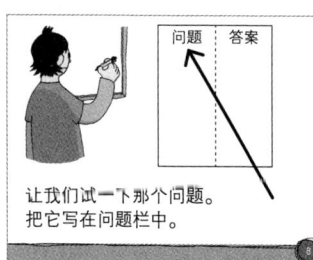

→ 在速记员和全班同学在问题栏中写下一个后续问题的时候，让你的搭档对它进行安静的思考。

→ 告诉全班：
- 在你与卜问题的同时，让你的搭档对其进行思考能带来缓冲的时间。这样你的搭档就应该能够给你一个更好也更加详尽的答案了。

第四章
相互熟悉
GETTING ACQUAINTED · 065

幻灯片9

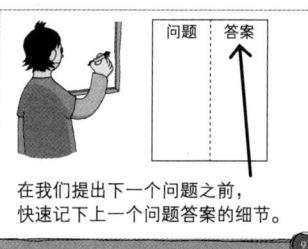

→ 在搭档回答完之后,让记录员和全班在回答栏中快速记下一些关键问题的细节。

幻灯片10

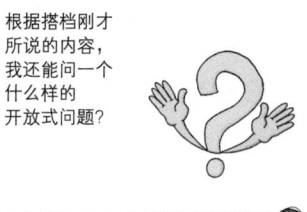

→ 再次,让搭档们以目前从采访中得到的信息为依据头脑风暴出一些问题。
→ 挑选一个问题然后试试看。

幻灯片11

→ 继续为接下来几个问题和回答做笔记。
→ 在三到四个问答之后结束你的采访。

幻灯片12

→ 在采访结束的时候,让速记员和采访对象回归他们原来的小组,感谢他们并让全班再次为他们热烈鼓掌。

幻灯片 13

- 让搭档们重温这次采访，然后一起讨论一下什么样的问题得到了最多的有趣的细节。
- 和全班分享讨论结果。

幻灯片 14

- 在分享结束之后，向学生们强调，最好的问题是那些能表现出你们真正地在认真聆听，以及那些以你的搭档刚说的话为依据的问题。
- 好的问题会使关于某个话题的谈话以更加详细的形式继续下去。
- 同时要让学生们明白：
  - 被采访者有义务尽可能详尽地回答问题。如果你只给出一个单词的答案或者使采访难以进行下去，那么你就不是一个好搭档。

幻灯片 15

- 检查一下，看是否有人对如何做笔记或者进行采访有疑问。
- 在学生们第一次参与这种采访活动的时候，如果你告诉他们谁第一个进行采访：比如那个衬衫颜色最深的人，那个生日最接近7月4日的人，这样采访就会更有效率地开始。之后，学生们就能自行决定了。
- 在学生们进行采访的时候，对他们提出的开放式问题和记录的笔记进行监督检查。当最开始的采访慢

第四章
相互熟悉
GETTING ACQUAINTED · 067

下来的时候（2~3分钟），宣布暂停然后让搭档们互换角色。

幻灯片16

➡ 在搭档们都体验了两个角色之后（5~6分钟），让几个小组来分享他们谈论的内容，然后结束这次活动。

幻灯片17

➡ 然后，最后但并不是最不重要的，让搭档们面对彼此，为他们出色的采访活动相互感谢。

课程 3. 主场优势

◎ 为什么使用它?

也许你还没有注意到,今天的许多电视喜剧都是建立在别人的不幸之上的。而且很多大受欢迎的情景喜剧都是依靠朋友们之间相互贬损来制造喜剧效果的。不幸的是,我们的学生们忘记了这些所谓的朋友并不是真正的"朋友";他们只是由演员们扮演的虚构的角色而已。没有任何真实的友谊能在负面回应的基础上长久持续下去。此外,在社交媒体世界,孩子们以用负面信息互相攻击为时髦。在这种情况下,匿名再加上"面对面"互动的缺失给他们提供了一个对他人实施卑劣行径以及进行人身攻击的强有力掩护。在这个往往苛刻无情的社交世界里,我们作为老师要付出更多的努力来创建一个与众不同、更加富有同情心以及关心他人的课堂氛围。而这就始于让学生们在走进教室的时候丢掉他们喜欢贬损他人的坏习惯。

◎ 什么时候使用它?

如果可能的话,我们喜欢在学年开始的时候使用这一课,但实际上却总是把它放在了学生们开始进行全面的合作之前。这样,学生们就能发现,以他人的痛苦为代价换来的幽默并不好笑,相反它会造成伤害和矛盾。大多数孩子,不管他们的行

> **在社交媒体上,匿名以及"面对面"互动的缺失为卑劣行为和人身攻击提供了强有力的掩护。**

第四章
相互熟悉
GETTING ACQUAINTED

为怎么样,在内心深处都不想被看作是一个卑劣的人。实际上,我们在教室里所看到的许多贬损他人的行为都是一时冲动引起的,而并非是因为学生行为卑劣。但是,即使一个"无心的"贬损行为也往往会给被贬损的人带来恶劣、痛苦的影响。本课程说明了为什么贬损他人的行为在班级群体中没有容身之地,而且即使某个学生确实受到了一次贬损,它也会提供一种内在的工具来立刻解决这种行为,而不是让矛盾激化。

◎ 准备

·提前决定并肩搭档的配对方式。

·确定学生们做记录的方式:使用教师分发的纸张,或者从活页夹上取下的活页,又或者作文练习本。

◎ 课程

幻灯片1

标题:**主场优势**

幻灯片2

→ 对统计数据的结果多做一些阐释。
  ■ 球队在主场能赢得更多的比赛。不管他们是专业的还是业余的,是成年人的还是青少年的,是橄榄球队的还是篮球队的。
→ 为了进一步地证明,带来你们当地报纸或者学校报纸的体育版,然后指出你们主场球队的统计数据。当然,如果赛季还没有结束,那么最终的主客场胜率对比还有待决定。如果你在学年开始的时候学习这个课程,那么美国职业棒球大联盟的统计数据在这个时候就是相当有说服力的。

幻灯片3

→ 让预先分配好的搭档们一起快速行动起来。
→ 在他们开始的时候,监督他们的进展时间,同时劝导那些原因清单看起来非常短的搭档们。
→ 鼓励搭档们想出至少五个原因。

幻灯片4

→ 学生们不必重新按照新的顺序抄写他们的原因列表。他们只需要在每个原因的旁边标注上排列顺序就可以了。

第四章
相互熟悉
GETTING ACQUAINTED · 071

幻灯片5

➡ 在分享和排列开始之前，指定一个学生速记员，这样，在班级进行分享的时候，你就可以自由地走动、监督并且维持秩序了。

➡ 鼓励每一组搭档都来对原因清单贡献一份力量。

➡ 鼓励搭档们从他们的清单上排除掉那些已经被用过的原因。

➡ 如果某个小组发现他们所有的原因都已经被别人用过了，那么他们可以只分享自己的1号原因。

➡ 只要1号原因出现了重复，那么速记员就在黑板上的这个原因旁边打勾。

➡ 在所有小组都分享完毕之后，结果通常是，学生们所认为的球队在主场能赢得更多比赛的主要原因有球迷的支持、熟悉的比赛环境以及高度的预期（不想让球迷们失望）。

➡ 如果学生们没有想到，那么你就补充说，"主场球迷从来不对他们自己的球员们喝倒彩"，或者，"你从来不会贬损自己球队的球员。"这就引出了关于出现贬损他人行为的交谈。

幻灯片6

➡ 一旦学生们明白了是什么原因帮助球队获胜的，那么就把这些原因放回到教室中来。

➡ 从现在开始，这间教室就是我们的主场。每天在我们走进教室的时候，我们需要记住我们都属于同一个团队，因此，我们要互相帮助，尽最大努力做到最好。同时，我们还是彼此的粉丝，第一时间去庆祝彼此取得的成功。从现在开始，如果你有种冲动

想要大声说一句"贬损他人的话",那么就先思考一下。贬损他人的行为不会有助于这个团队的任何人去进行更好的学习或者做出最大的努力。

➡ 主场能帮助我们消灭掉大多数贬损他人的行为,但是如果某个学生耍滑头又犯了错误,那么就面带微笑地问一下学生们,"我们需要记住的是什么?"学生们就会马上自发地通过说出"主场!"两个字来回应贬损行为了。而且,当你在学年后期也听到有人在走廊里大声喊出这两个字的时候,也不要惊讶。

幻灯片7

向你的搭档表示感谢,感谢他或她今天给你的所有帮助和支持。

➡ 在本书的许多课程中,你都会看到不同版本的"谢谢你"的幻灯片。那是因为在学生们进行合作的时候让他们对彼此表达感谢是非常非常重要的。多年来,我们发现,它是学生们能对彼此做出的最重要的姿势之一,而且它会给课堂氛围带来积极的影响。最近兴起的社会科学研究表明,那些心怀并表达感激的人会更加快乐而且更加高效。因此:

- 不要仅仅因为他们"觉得很傻"就被学生们说服而允许他们不这么做。他们觉得这样做很傻或者不舒服,是因为他们还没有习惯于感谢彼此!
- 对他们的不舒服表示理解,同时向他们保证,他们练习得越多,向彼此表达感谢就会变得越简单、越自然。

第四章
相互熟悉

课程 4. 友谊和支持

◎ 为什么要使用它？

这一课拓展了由主场优势开启的任务：创建一个所有的学生都能尽最大努力做到最好的环境，因为在这里他们能感到自己是受欢迎的，是被欣赏的，也是能获得支持的。正如我们在第二章里所讨论的那样，要想每个学生在一开始就具备所有必要的技能来加入一个高效运作的小组，这是不可能的。然而，你的学生们在进行彼此互动以及与你的课程进行互动所需要的许多技能，都是能够通过使用相同的T型图表模式被明示性地教给学生们的：

1. 让学生们意识到那个必需的技能。

2. 头脑风暴，然后制作一个分成两栏的清单，在两栏中分别写下在使用那个技能的时候看起来和听起来分别是什么样子。

3. 练习使用那个技能。

4. 回顾反思技能的用法。庆祝技能的成功运用，然后制定下一次的进步目标。

明确地阐述友好和互助的意义将会给你的班级定下一个积极向上的基调，并使所有互动活动的行为预期清楚明确。

◎ 什么时候使用它？

就像这一大类中的其他课程一样，我们把这一课视为合作学习的基石。在学生们刚开始和他们最初的搭档们进行合作的时候，就需要教授给他们这一课了。本课程应该紧跟在"主场"那一课之后。我们喜欢在同一个星期之内完成这两个课程，然后在必要的时候重温它们直到能做到技能的融会贯通。

◎ 准备

・提前决定并肩搭档的配对方式。

・确定学生们记录笔记的方式：使用教师分发的纸张，或者从活页夹上取下的活页，再或者作文练习本。

◎ 课程

幻灯片1

标题：友谊和支持

幻灯片2

➜ 开始的时候，让搭档们拿出他们在上一课"主场"所做的笔记。

➜ 你可以说：

■ 记住，如果人们害怕别人会批评他们或者因分享了自己的观点而感到害羞，那么他们就不可能把任务做到最好。我认为到目前为止每个人在使用"主场"方面都表现得非常出色。

第四章
相互熟悉
GETTING ACQUAINTED

幻灯片 3

- ➡ 在回顾的时候,你可以说:
  - 友谊和支持的技能帮助人们感觉到放松,被他人包容,以及能愉快地和周围的人们一起工作。离开了这个技能,人们在一起工作就会变得非常艰难。

幻灯片 4

- ➡ 花些时间去记住那些需要运用这个技能的情景吧,因为在那些情境中运用这个技能是非常重要的。然后努力回想一下在你自己的生活中发生的某些事件,即那些你得到过这种对待,或者这样对待过别人,又或者希望自己被如此对待的事件。
- ➡ 沉默思考一分钟之后,让学生们面向各自的搭档,然后开始谈论他们所能记起来的所有场景。
- ➡ 给学生们一两分钟的时间进行交谈,然后提问:
  - 在多少不同的情景中,你发现这个技能是很重要的呢?让我们听一下你们都谈论了什么。

幻灯片 5

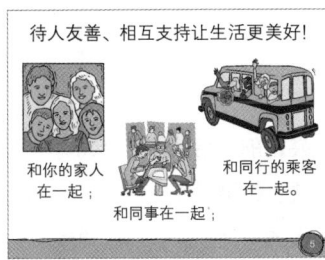

- ➡ 在学生们主动分享了他们关于友谊和支持派上用场的例子之后,转到这张幻灯片然后指出在上面所画的情景中有哪些是学生们还没有想到的。
- ➡ 然后,你可以进行总结:
  - 当所有人都能用友谊和支持对待彼此的时候,那么,他们之间的每一次互动都会是非常愉快和有益的。

幻灯片6

→ 在这间教室里用友谊和支持对待他人是我们要永远铭记着去做的事情。

幻灯片7

→ 现在，让学生们和搭档合作制作一个用具体事例阐释友谊和支持的技能图表。

→ 注意，在形成了两栏之后，学生们还要把这张纸竖着重新对折起来，以便仅有左边的那一栏显示出来。这样就能让他们每次只专注于这个技能的一个方面。

幻灯片8

→ 在你展示这张幻灯片的时候，强调一下我们只是在观察正在使用友谊和支持技能的小组或搭档们的身体语言。

幻灯片9

→ 在搭档们进行头脑风暴之前，给他们一个或两个例子，比如，眼神接触或者微笑。

→ ■ 把注意力集中在积极的行为上。我们想要谈论的是这个技能看起来像什么，而不是它看起来不像什么。如果你想起了一个消极的行为，那么试着把它作为一个积极行为来重新叙述。

第四章
相互熟悉
GETTING ACQUAINTED

➡ 在搭档们进行头脑风暴的时候,监督并且鼓励他们继续思考和书写。如果你的学生们是第一次制作这种技能图表,那么他们也许会由于对这个任务不熟悉而觉得有困难。

➡ 两到三分钟之后,把学生们都叫回到一起。

幻灯片10

➡ 在分享和排列开始之前,指定一个学生当速记员,这样,在全班进行分享的时候,你就能自由地走动、监督,以及维持课堂秩序了。

➡ 在你点名让各小组为班级的总清单做出贡献的时候,要确保在黑板上记录下所有的行为。理想的方法是,暂停幻灯片的放映,然后在可以投影的电脑屏幕上进行记录,这样你就能得到这个清单的永久保存版本了。

➡ 如果你直接写在了黑板上,在擦掉之前用你的智能手机把最终完成的"看起来像"的清单拍下来。

➡ 指示学生把所有的新想法增加到他们自己的"看起来像"的清单中,这样他们也能拥有一份完整的清单了。一般来说,这个清单要包括:

- 眼神接触;
- 微笑;
- 靠近就座;
- 注意力集中在自己的搭档身上;
- 轮流发言;
- 点头表示同意;
- 坐直,前倾身体;
- 竖大拇指;
- 击拳致意。

幻灯片11

➡ 现在,让我们谈一下人们在友好互助的时候实际上会对彼此说些什么。这次我们要制作一个实用语句清单,当你和其他人在课堂人进行合作的时候,你就可以使用这些语句。

幻灯片12

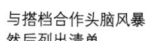

➡ 让搭档们把那张竖着对折的纸翻到右边那一栏,并标注上"听起来像"。开始,给学生们一两个例子并让他们都记下来:
- "嗨,你好吗?"
- "真是个好主意;我真的没想到。"

➡ 给搭档们几分钟的时间去头脑风暴那些他们可能会对彼此说的友好的、支持的话语。

➡ 监督他们的合作,鼓励那些提前完成的搭档们。

➡ 如果你注意到有的小组写下了含有负面词语的话语,帮助他们想出积极的替代语句。比如,用"我需要你的帮助而且我知道你一定有些好主意!"来代替"不要让我一个人做完所有的工作!"

幻灯片13

➡ 制作一个包含学生们可能会对彼此说的所有积极话语的总清单。每一句都加上引号。提醒学生们把他们没想到的所有新语句都记在自己的清单上,这样他们自己的清单就和黑板上的一样完整了。一般来说,清单中可能包含下列语句:
- "谢谢你。"
- "不客气。"

第四章
相互熟悉
GETTING ACQUAINTED · 079

- "正合我意。"
- "做得漂亮！"
- "真聪明！"
- "你觉得怎么样？"
- "很有意思。"
- "请多多指教。"

幻灯片14

→ 清单完成之后，让学生们打开他们手中的那张纸，这样他们就能看到T型图表的两面了。

→ 现在，他们的任务就是轮流向自己的搭档表达友谊和支持，而你则在教室里四处走动，看他们对待彼此的方式是否符合友谊和支持的行为和话语。

→ 不可避免的是，有的学生可能会脱口说出像"这太假了！"之类的话语。向学生们承认说也许他们现在会有这种感觉，但是如果他们重复不断地练习友谊和支持，那么它将最终变成一个他们能够自发地且得心应手地运用的技能。

幻灯片15

→ 学生们每次合作的时候，绝对不要忘记在结束的时候让他们对彼此表达感谢。这样一个小举动会给班级整体带来让你意想不到的效果！

附加说明

　　永远不要忘记，在"主场"和"友谊和支持"背后的行为是所有合作学习的基础。是的，我们知道这种话我们已经说了至少有六次了，那是因为这个观点非常重要，值得我们进行重复提醒。如果学生们不能友善地对待彼此，他们就不会进行成功的合作。还有，如果他们担心别人会贬低他们并恶劣地对待他们，那么他们的学习成绩也会受到拖累，因为没有人在恐惧和不安的状态下还能做出自己最大的努力。

　　在监督他们的时候，一个强调这些技能的非常好的方法就是给他们分发小贴纸（任何种类的都行，越搞笑越好）。当你看到或者听到学生们在使用"主场"以及"友谊和支持"技能的时候，就给他们发小贴纸，让他们贴在笔记本、讲义，或者任何他们正在看的东西上。当然，孩子们会立刻问你（因为他们习惯于这样做了），"这些能算作分数吗？"我们总是这样回答，我不知道；我目前还没有决定。你还需要一张小贴纸吗？直到今天，还没有一个人曾经拒绝过小贴纸。重点就在于保持愉快的气氛以及庆祝孩子们学到了新技能。

　　此外，如果你偶然碰到了一个"不太理想"的小组，不要对它视而不见。停止小组成员间的谈话，然后说，"我不会离开的，除非我听到你们对彼此说了友谊和支持的话语。从T型图表中摘选一些话语，然后说给你的搭档"。让他们每个人都这么做几轮。在对彼此说了一些好话之后，即使是最充满怨气的小组成员们也难以继续保持满腹怨气的样子了。然后，当他们最终展颜微笑的时候，就发给他们一些小贴纸！

　　最后，要记住人们很少会对别人的努力工作公开且主动地表示感谢。这就需要你坚持不懈的努力，去不断地重温并提醒学生们去使用那些友谊和支持的话语。他们的目标就是能做到得心应手地使用它们，以至于不需要你的刺激他们也能记得说这些充满善意的话。这需要很多的练习，但是练习也是一件非常愉快的事啊。

第四章
相互熟悉

课程 5. 课堂氛围海报

◎ 为什么使用它？

因为这些技能是所有合作小组的基石（是的，我们又这么说了一次），它能帮助形成一种学生们每天都能参考的永久的有形提醒。与搭档合作，制作一张宣传某种技能的海报能起到鼓励学生们重温并重新想象这种技能的作用，这是让这些技能成为学生们永久性行为一部分的重要步骤。此外，一旦这些海报被贴到了墙上，它们就会变成分组程序的一部分。无论学生们在什么时候进行合作，我们总是提醒他们看一眼墙上的海报，然后思考一下怎样才能使自己的小组成为主场并同时用友谊和支持对待自己的组员。而且，如果哪个学生出了错，你所要做的就是指一指墙上的海报！

◎ 什么时候使用它？

本课程是紧跟在"主场"和"友谊与支持"之后的一个极好的后续和复习课程。它是一个最适合在周五上的课程，因为每到周五学生们都会变得心浮气躁，而在海报纸上进行设计和绘画所带来的镇静作用是令人印象深刻的。而且要确保这些海报在学校举办秋季开放参观日的时候能及时地张贴出来。家长们总是会很乐意看到你正在努力给他们的孩子创造一个能得到友好和尊重对待的环境。

> *我们制作海报是因为它能够帮助形成一种学生们每天都能参考的永久的有形提醒。*

◎ 准备

· 准备好搭档们制作海报所需要的大号海报纸或者新闻纸、较细的彩色马克笔、铅笔、钢笔以及胶带等。

· 提前确定好学生们的分组方式。

· 学生们需要检索并参考他们关于"主场"和"友谊与支持"课程的笔记。

◎ 课程

幻灯片1

标题：课堂氛围海报

幻灯片2

➡ 记住，球队因为具有主场优势才能在主场赢得更多的比赛。而那就是我们想要在这间教室里得到的相同的优势。在我们合作的时候，我们就是彼此的队友和粉丝。

➡ 在进行合作的时候，我们所有人都希望尽最大的努力去友好相处并帮助彼此感受到尊重和赞赏。

第四章
相互熟悉
GETTING ACQUAINTED · 083

幻灯片3

➜ 对各双人小组进行从1到2的报数,给每一对都分配一个数字,要么是1,要么是2。

➜ 为了避免混乱,让各小组写下他们被分配到的数字。

幻灯片4

➜ 用举手的方式再次确认一下每一个双人小组都清楚了他们的数字:

- 分到了数字1的小组,举一下手。很好。你们就是友谊和支持技能的专家了。
- 现在,让我们看一下分到了数字2的小组。非常好!你们是主场优势技能的专家。

➜ 让学生们打开他们所做的关于"主场"以及"友谊和支持"的笔记。

➜ 你还可以把在前面的课程中所做的关于这些技能的班级笔记投影出来。

幻灯片5

➜ 解释说明每一个小组都要以指定给他们的技能为主题制作一个微型广告牌。

➜ 分发新闻纸或绘图纸(如果需要的话,你可以把它剪成两半以便适合每个人的海报)和马克笔。

➜ 首先,让学生们把自己的姓名工整地打印在海报正面的右下角。把他们的全名放在海报的正面通常会减少那些可能并不完全适于学校的艺术夸张成分。

→ 我们总是会建议学生们在上色之前先用铅笔画出他们的设计草图。

→ 鼓励学生对彼此的文字进行互相校对。

幻灯片6

- 使用我们在课堂上记录的关于每个技能的笔记。
- 书法整齐划一，字体大小适中以便在教室对面也能阅读。
- 利用一些引人注目的图画和图表。
- 确保你的广告牌适宜于在学校展示！

→ 回顾一下标准，放映并大声读出这张幻灯片。

幻灯片7

例子

→ 给学生们展示几个例子能给他们开始动笔带来帮助。

→ 学生们可能需要花费多达30分钟的时间来完成自己的海报，根据他们想要达到的艺术效果，以及你给他们提供的时间长短。

→ 在学生们完成制作的时候，准备好胶带，这样他们就能马上把海报张贴起来了。

幻灯片8

→ 向你富有创造力的搭档表示感谢吧！

第四章
相互熟悉

幻灯片9

➡ 积极地鼓励学生们传阅并欣赏他们自己的以及别人的作品。

附加说明

保存好每年的最佳海报,以便用它们给你的下一个班级做示范。

第五章 培养合作技能

一旦开始形成从熟悉到友谊的循环，我们就可以开始明示性地教授那些最基本的与搭档进行合作思考的社交技能了。这些技能的学习从最简单的控制声音大小的任务开始，逐渐转到能更加深入地考验彼此知识的创建问题序列等任务上来。在本单元结束的时候，学生们将能够清晰地展现并储备一些能帮助他们与搭档进行成功合作的关键行为。随着这些课程的展开，我们保持让学生们与不同的搭档合作，不断地扩大他们在班级里的朋友圈。

课程6. 安静信号

课程7 使用安静的声音

课程8. 提出后续的问题

课程9. 思考—分组—分享

课程10. 好搭档的特点

第五章
培养合作技能
BUILDING COLLABORATION SKILLS · 087

课程 6. 安静信号

◎ 为什么使用它?

当学生们开始在合作小组中学习的时候,他们必须能够做到随时停止自己的交谈,这样他们才能收到你后续的指令。在学年开始的时候,拉回学生们对你的注意力还是相对容易的,因为他们相互之间还并不熟悉。然而,到了九月底的时候,就另当别论了。由于主场的观念已深入人心,你的班级群体充满了积极性——很抱歉不得不告诉你这个——如果搭档们或各小组正在工作中,那么他们宁愿保持继续相互交谈,也不会因为你的插话而停下来。这就是需要一个公认的安静信号的原因了。这种做法能使各小组在热烈的讨论和安静的关注之间平滑过渡,而这又是改变话题,听取指令,或者汇报活动所需要的。

◎ 什么时候使用它?

这又是一个最好尽早教给学生们的课程,在他们学习如何进行有效合作的时候。尽管开学的第一周对它的需要也许还不是那么的迫切,但是尽早确立这种做法会帮助我们防止干扰的出现。

◎ 准备

· 提前确定搭档的配对方式。本课程将会取得最好的效果,如果学生们通过先前的搭档工作或采访已经熟悉了自己的搭档的话。

· 当你看到幻灯片8的时候,你可以替换为自己的讨论话题。

◎ 课程

幻灯片1

标题：安静信号

幻灯片2

➡ 在这一整个学年中，你将会和许多不同的搭档和小组合作，并参与许多不同的活动。那是因为对某个信息说得最多的人记住的也最多。那就是老师们会那么聪明的原因了：因为，许多年来我们一直在谈论我们所教的学科！

幻灯片3

➡ 但是为了使课堂顺利运行，而且还为了保证你能从课堂上取得最大的收获，我们将需要一个安静信号。那样，你将会清楚地听到我的指令或者同学的评价，而不需要进行任何的重复。

第五章
培养合作技能
BUILDING COLLABORATION SKILLS · 089

幻灯片4

→ 放映并大声读出该幻灯片。

幻灯片5

→ 这张幻灯片展示了一些快速让全班同学注意的常见方法。当然还有许多别的方法示意学生们安静下来。
- 举手示意；
- 闪烁灯光；
- 播放简单和谐的旋律；
- 吹哨子；
- 有节奏地拍手。

→ 而我们在芝加哥伯利学校的朋友们则是倒数计时："我们开始回归倒计时，5…4…3…2…1…，"从而给学生们几秒钟的时间去集中注意力——而且还可以根据需要让老师加快或者放慢倒计时的速度。

→ 你可以选择自己最喜欢的方式，然后只告诉学生们你将会使用什么信号就行了。或者，更好的做法是，让学生们也参与到决定中来。考虑一下上面提到的那些方式以及任何其他由学生们提出的且适合于学校的方式。斯莫基有一个手持音效发生装置，能发出非常大的声音，包括骑兵冲锋声，汽车相撞声，警报声等。学生们很乐意从这些声音中挑选出他们最喜爱的安静信号。

幻灯片6

→ 马上,你就会获得一个和搭档交谈的机会。记住,当我给你们安静信号的时候,你们需要迅速停止交谈,然后把注意力转到我身上。我们的目标是,在五秒钟或者更短的时间之内,从谈话状态中转移到保持安静、集中注意力的状态中来。

幻灯片7

→ 放映并大声读出幻灯片。

幻灯片8

→ 可以替换成你自己喜欢的话题。

幻灯片9

→ 使用你选择的安静信号。

→ 当搭档们停止讨论,然后全班重新集合的时候,你可以通过大声喊出或者用手指示意从五开始的倒计时来强调一下中间的过渡时间。

→ 向学生们强调,遵守安静信号会使任务顺利运行,还能使每个人都感觉到受到了尊重和倾听。

第五章
培养合作技能
BUILDING COLLABORATION SKILLS · 091

幻灯片10

→ 重新强调做到快速加入和脱离小组的重要性。
  - 如果我们都能在这一点上一起合作,那么课堂将会变得非常有趣!

幻灯片11

→ 我们浪费的时间越少,我们参加各种不同活动的时间就越多。

附加说明

有时候,重新获得孩子们的注意是不容易的,因为他们全身心地投入到了你给他们安排的合作活动中。在这些最受欢迎的情况中,孩子们忽视了安静信号也许会是你所得到过的最大的赞美:他们学习得是如此努力以至于根本停不下来!

还有些时候,如果你在重新召回班级注意力方面还存在问题,那么就向学生们说明他们的行为是怎样影响你的:

重新集合花费了我们如此长的时间使我感到非常沮丧,因为我为今天安排了许多有趣的活动,但是我想现在我们没有时间做任何事情了。我们怎样才能一起解决这个问题呢?

让每个学生都独自开动脑筋思考一下,把他们想到的解决方案写在卡片上,然

> *就解决方言而言，我们发现，让最具有说话权的人负责安静信号往往是一个能达到效果的好办法。*

后交上来。然后，在他们一个人安静下来的时候，仔细阅读这些卡片，从中挑出最可行的解决方案，然后和全班协商出一个解决方案。就解决方言而言，我们发现，让最具有说话权的人负责安静信号往往是一个能达到效果的好办法。

　　正如大多数技能那样，能够快速安静地加入和脱离讨论并不是大多数学生能立刻掌握的技能。这种行为确实需要高度的自我调整能力。为了使安静信号变成学生们的一种日常反应，它需要学生们进行持续不断的练习。此外，在你每次更换搭档或小组的时候预计都会出现一点小问题，因此，每当你的班级打乱次序或者重新排位的时候，就安排好来重温这一课吧。

第五章
培养合作技能
BUILDING COLLABORATION SKILLS

课程 7. 使用安静的声音

◎ **为什么使用它?**

当一个有30个或者更多孩子的班级分成两人一组进行合作的时候，这就意味着会有15个学生在同时说话。而且，当那么多的人同时说话的时候，教室里就会变得非常嘈杂。然而要记住，这种噪声很少会干扰到其他小组的运行。今天的孩子们似乎真的很擅长忽略和自己无关的谈话。也许他们高深的忽略技能来源于他们那在耳朵和设备之间晃来晃去的超级音质的单耳耳机线，又或者是他们的父母多年来劝导他们整理好自己杂务的喋喋不休造就了他们的这种本领。虽然如此，15个"扩音机"产生的噪声也会把你逼疯，而且也很有可能会干扰到与我们相邻的教室。在这样的一个声音不协调的环境中，一定会有很多孩子难以有效地集中精力。因此，教给孩子们如何以既适合小组互动又不会打扰临近小组或相邻班级的足够柔和的音量说话从来都没有任何坏处。

◎ **什么时候使用它?**

在学生们的分组讨论开始进行的时候，监督他们的噪声水平。一般来说，他们彼此之间越熟悉，说话的声音就越大。这种噪声水平的增加实际上是一件好事，因

> 教给孩子们如何以既适合小组互动又不会打扰临近小组或相邻班级的足够柔和的音量说话从来都没有任何坏处。

为它意味着学生们热情的增加以及在小组内发言的自信的增长。使用这节课程的最好时机就是小组到达这种充满凝聚力的"大声"阶段的时候,当然也是在你的邻居向校长投诉你的"班级失控"之前。

◎ 准备

・提前决定搭档的配对方式。

・决定学生们如何记录笔记：使用教师分发的纸张,或者从活页夹上取下的活页,或者是作文练习本,再或者在他们的平板电脑上。

◎ 课程

幻灯片1

标题：使用安静的声音

幻灯片2

➡ 本课程一开始就是庆祝学生们熟练掌握了技能以及高效运行的分组。

第五章
培养合作技能
BUILDING COLLABORATION SKILLS · 095

幻灯片3

→ 放映并大声读出幻灯片。

幻灯片4

→ 强调说,不得不去解决说话声音太大的问题实际上是一个好现象,因为你也已经注意到他们都在专心地同搭档们进行交谈。

幻灯片5

→ 这节课还给了你们接触到礼仪的机会。
→ 尽管学生们说他们还能够听到彼此说话,他们仍需要为他人着想,因为噪声还会传到别的也许不想听到它的教室里去。
→ 而且有些学生也确实感觉到难以在大声的噪声中承担任务。

幻灯片6

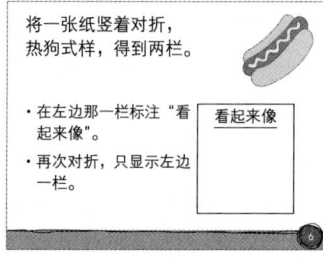

→ 现在,让学生们与搭档合作,制作一张技能图表阐释说明"使用安静的声音"。
→ 记住,让学生们把纸张再次竖着对折以便只显示出左边那一栏。这能让他们一次只关注技能的一个方面。

幻灯片7

→ 在展示这张幻灯片的时候，记住要强调，我们只是在观察正在轻声讲话的小组/搭档的身体语言。

幻灯片8

→ 在搭档们进行头脑风暴之前，给他们一两个例子，比如眼神接触或者靠近就座。

→ 告诉他们专注在积极的行为上。我们想要谈论的是这种技能看起来像什么，而不是不像什么。（尽管用积极的话语重新组织负面的例子也是清单上条目的一个来源。）

→ 在搭档们自由讨论的时候，监督并鼓励他们持续思考和书写。在两到三分钟之后，给学生们安静信号，然后把他们召集在一起。

幻灯片9

→ 在分享和列清单开始之前，指定一位学生速记员，这样在班级分享的时候你就可以自由地走动、监督，并集中精力了。

→ 在你点名让各组为班级总清单做贡献的时候，要确保记下黑板上的所有行为或者，理想的方法是，把幻灯片的播放切短暂地换成可以投影的文字处理。这样你就可以得到这份清单的永久保存版本了。

→ 如果你直接写在了黑板上，在擦掉之前用你的智能手机把这份最终完成的"看起来像"的清单拍

第五章
培养合作技能
BUILDING COLLABORATION SKILLS · 097

下来。指示学生们把所有新想法都增加到他们自己的"看起来像"那一栏中,这样他们也有了一个完整的清单。

➡ 清单中通常要包括:

- 靠近就座;
- 眼神接触;
- 向彼此倾斜身体;
- 点头;
- 微笑;
- 做笔记;
- 手指放在嘴唇上(安静信号);
- 闭上嘴唇(安静信号);
- 头紧挨着头;
- 一次只有一个人说话;
- 忽略别的小组。

幻灯片10

➡ 对学生说明,在他们头脑风暴"听起来像"的例子的时候,他们其实是正在制作一个实用语句清单。而为了鼓励在小组中轻声说话,人们或许真的会对彼此使用这些语句。

幻灯片11

➡ 告诉学生们翻到右边那一栏，在上面标注上"听起来像"，然后开始头脑风暴可能的语句。尽管学生们会把模糊的描述，比如"耳语"等包含进来，继续引导他们思考的方向，让他们围绕着为了积极提醒彼此保持安静而使用的真实语句进行思考。我们喜欢使用这个作为例子的语句，因为它强调了安静的声音不应该传到小组的范围之外：记住，使用你12英寸的嗓音。（12英寸的嗓音意思是指你的声音大小不超过周围30厘米远的范围。）

➡ 就像以前那样，继续进行同样的监督。诱导那些只写了一两句话就停下的小组继续努力。

幻灯片12

➡ 在几分钟的头脑风暴之后，制作一个总清单记录下学生们可能会对彼此说的所有积极的话语。

➡ 给每一句话都加上引号或者帮助学生们搞明白怎样才能把它变成一句引语。

➡ 如果学生们想到的有些"听起来像"的语句是积极的描述，然而却不是真正的引语，那么把他们写下来也没关系，而不是排除掉它们。

➡ 提醒学生们抄下来所有他们没有想到的新语句，这样他们的个人清单就会和黑板上的清单的一样完整。下面就是学生们可能会想到的典型的"听起来像"的语句：

■ "记住，使用能传30厘米的声音。"

■ "在靠近点，这样我们就能更小声地谈话了。"

■ "让我们别太大声了。"

第五章
培养合作技能
BUILDING COLLABORATION SKILLS · 099

- "让我们尽力更加轻声地交谈。"
- "我想别的小组能听见我们说话。"
- "能传30厘米的声音就好！"
- "我喜欢你安静的热情。"
- "让我们说点悄悄话。"

幻灯片13

→ 当这个清单完成的时候，让学生们打开他们手中的那张纸，这样他们就能看到这个T型图表的两栏了。

→ 现在，他们的任务就是开始使用安静的声音。

→ 准备好一个话题或者寻求学生们的建议；然后让搭档们用课程2中的技能采访彼此。

→ 在学生们交谈四到五分钟的时候，注意听"安静的声音"，但同时看一下他们运用采访技能把一个平衡的主题谈话保持的怎么样。

幻灯片14

→ 是的，又到了重复唠叨的时间了：无论什么时候，都绝对不要忘了让你的学生们在合作结束之后互相感谢彼此。这种微小的举动能给你的班级群体带来令你意想不到的巨大变化！

→ 提醒他们仔细倾听并提出好的问题。

课程 8. 提出后续的问题

◎ 为什么使用它?

尽管学生们已经得到了在一个友好的,低风险的采访模式中练习倾听并提出后续问题的机会,但他们还需要认识到,这种同样的讨论技巧还是任何有目的的,深入详细的学术讨论的基石。由于他们已经熟悉了这种采访的步骤,那么我们就可以用这种熟悉的结构来过渡到学科讨论上来了。

◎ 什么时候使用它?

当我们的小组开始对学科材料进行合作讨论的时候,我们就可以使用这一课了。在这些讨论中,最重要的是学生们要认真倾听并深入挖掘他人的观点。在学术讨论中流利地提出后续问题是一个需要很多练习的技能。我们往往会把这一课教上两到三遍——而且,只要我们发现小组讨论出现话题更换过于频繁的情况,我们都要再重温这一课。如果小组成员们忘记了针对其他成员提出后续问题来追求有价值的观点,那么,讨论很快就会变得肤浅而流于形式。

◎ 准备

· 提前确定搭档的配对方式。

> **在学术讨论中流利地提出后续问题是一个需要很多练习的技能。**

第五章
培养合作技能

- 决定学生们如何记录笔记：使用教师分发的纸张，或者从活页夹上取下的活页，或者是作文练习本，再或者在他们的心爱的iPads上。
- 在本课的后半部分，你将会需要一片短文以供学生们阅读并提出相关的问题。我们建议文章的长度不要超过一页，而且必须是和你的学科以及当前正在学习的那个单元相关的。如果你选择复印这篇文章，那么要确保每个学生都能得到一份复印件。然而，如果你选择的文章是引人深思但又非常简短的，那么你完全可以把它投影到屏幕上来让学生们阅读。而且，我们认为视觉图像也是文本形式的一种，因此，你可以选择一件艺术品、一张生动逼真的照片、一个图形、一张图表，或者某些其他形式的视觉材料来促进你的学科讨论。

课程

幻灯片1

标题：提出后续的问题

幻灯片2

➡ 正如我们在搭档采访那一课中所提到的那样，一直以来，我们都是把采访作为学术讨论之前的低风险热身活动来使用的。

➡ 尽管老师们经常为让学术讨论活动马上就开始而感到有压力，这些五分钟的友好交谈总是很有值得去做的。

➡ 记住，和熟人比起来，人们总是更容易对陌生人粗鲁无礼或者袖手旁观，因此，这些热身谈话对巩固你所创造的"主场"以及"友谊和支持"的氛围是必不可少的。

幻灯片3

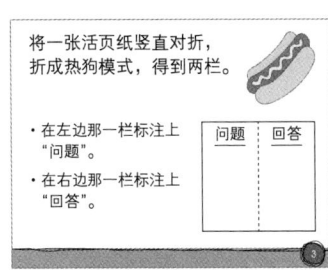

➡ 即使你一直在定期地使用采访技能而懈怠了正式的笔记记录（如果你认为学生们已经掌握了认真听讲以及后续问题的技能，那么这也没关系），但也一定要让学生们为这次采访准备好一页纸，因为从第10张幻灯片开始的文本讨论会返回到这种记笔记的模式上来。

幻灯片4

➡ 把机会给学生们，让他们集思广益，想出自己的采访话题。

➡ 你可以提前让学生们把自己想到的话题写在索引卡上交上来。然后，每当到了搭档采访的时候，就从中抽出两到三张卡片，再让全班从中选择一个。

➡ 我们赞成让不同的小组使用不同的话题；没有理由每一个小组都对同一个话题进行讨论。

➡ 提前确定好用什么样的方式来决定谁先接受采访。

➡ 如果你认为某些学生可能会成为"难缠的采访"，就像某些性格乖戾的电影明星一样，那么就提醒他们：

■ 被采访者有义务尽可能全面地回答问题。如果你让采访难以进行下去，那么你就不是一个好搭档。记住，这里是我们的主场。

第五章
培养合作技能
BUILDING COLLABORATION SKILLS · 103

幻灯片5

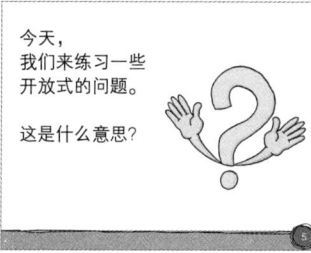

- 在采访开始之前,重温一下开放式问题的概念。
- 区分开简单、简短的事实性问题("你的生日是什么时候?")以及更广泛、更深层的开放式问题。("你们家是怎样庆祝生日的?")
- 给出一两个简答题,然后问学生们:
  - 你会怎么样改写这个问题来引出一个更长、更详细的回答?
- 强调说,最好的问题是那些能表现出你进行了认真倾听并且直接以你的搭档刚说的话为依据的问题。

幻灯片6

- 在搭档们开始采访的时候,在进行监督的同时仔细观察。
- 不要担心去进行直接干预。
- 当你听到一个简单、简短的问题的时候,停下来然后帮助采访者对问题进行改述。
- 给第一次采访两到三分钟的时间,在让学生们交换角色之前。

幻灯片7

- 再给搭档们两到三分钟的时间,在全班重新集合之前。

幻灯片8

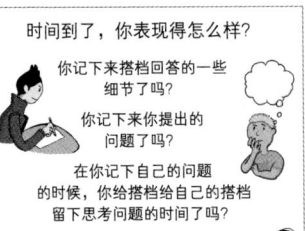

➡ 你可以让学生们按照从1分到10分的标准给自己打分，在他们思考这些问题的时候，同时设定一个具体的进步目标。

幻灯片9

➡ 再次，提醒学生们认真仔细的倾听以及深思熟虑的后续问题能使他们真正地深入了解彼此的想法。

幻灯片10

➡ 这一步假设学生们都已经熟悉了简单的注释。如果没有的话，就快速对注释进行示范，通过大声朗读文章的第一段并展示你的注释。或者，如果你使用的是图像文本，就把它投影到屏幕上，然后进行大声的谈论，示范你的笔记。然后，为学生们的注释和采访换一张新的图片。

➡ 强调一下这个任务需要保持安静。每个人的目标都是在接下来的讨论中拿出尽可能多的和文本相关的观点。

➡ 在学生们对材料进行学习的时候，监督他们以确保每个人都在学习并做笔记。对那些过早完成的学生们，劝说他们再重读一遍，看有没有新的发现。

第五章
培养合作技能
BUILDING COLLABORATION SKILLS · 105

幻灯片 11

→ 现在，正如他们在较早的热身活动中所做的那样，学生们将要使用相同的采访和做笔记的技巧，只不过这次他们将要采访的是搭档们与文章有关的想法。

幻灯片 12

→ 让每个组自己决定谁第一个进行采访，但是告诉他们：
  - 快速做出决定；如果你们不能决定谁先来，那么我就替你们做决定。
→ 在学生们进行采访的时候，监督他们提出开放式的问题并做好笔记。
→ 给采访者足够的时候去提出至少三个后续问题，然后暂停互换角色。

幻灯片 13

→ 允许搭档们提出几个后续问题，在班级重新集合之前。

幻灯片 14

➡ 在学生们对提出后续问题的技巧进行汇报之前,让几位学生分享一下他们关于讨论话题的有趣看法。

幻灯片 15

➡ 到了巩固本课学习的时候了。在学生们说出具体例子以及有效后续问题的时候,一定要向他们强调这一切的共同基础:仔细听讲以及深入挖掘。

幻灯片 16

➡ 感谢,一如既往!

第五章
培养合作技能
BUILDING COLLABORATION SKILLS · 107

课程 9. 思考—分组—分享

◎ 为什么使用它?

这是一个基础的、实用的课堂互动策略：让孩子们转向搭档，然后对正在学习的一篇文章或者一个话题发表简短的看法。它也是我们能够给我们的课堂所增添的最能够即时转换的结构。忽然之间，不再仅仅是我们包揽所有的思考、发言和教学了；现在，学生们也正在承担起自己的责任并开始推动学习。

我们当老师的太习惯于说教、讲课以及示范了，以至于我们趋向于错过那些来自学生们的大量的、非语言的暗示：有的孩子没有听懂；有的没有专心听讲；还有的甚至没有睡醒。在我们的内心深处，我们都明白如果我们所做的一切都是在说教的话，那么学生们根本不会记住多少，但是为了赶上教学进度的切身需要也使我们害怕恐惧。但是说到并不等于做到。思考—分组—分享是减少你课堂话语并且使你的课堂去集权化的首选方法——每次减少一分钟。

◎ 什么时候使用它?

只需要一两分钟，但每天都要坚持，一天数次。与我们合作的许多老师，如果没有让学生们转身讨论连续6分钟到7分钟，他们就会浑身不自在。孩子们需要频

> *思考—分组—分享是减少你课堂话语并且使你的课堂去集权化的首选方法——每次减少一分钟。*

繁的、短暂的机会来确认、分类、质疑、综合以及巩固老师们展示和分享的所有内容。这意味着他们要在一整节课的时间里转身讨论4次、6次甚至8次。如果你有5个班级，那就意味着每天20次到40次。明白我们所说的"转换"是什么意思了吧？

◎ **准备**

· 复印一篇有趣的、简单的、对孩子有吸引力的非小说类文章。挑选一些能帮助你推进课程的与内容相关的东西

◎ **课程**

幻灯片1

标题：思考—分组—分享

➡ 为了这个引导课程，你需要让学生们对一篇他们将要读到的短文进行讨论。但是，在学校这个广阔的世界中，你可以让孩子们分组配对去分享任何事情：在讲课讲到一半的时候，在一次科学实验之后，在看电影之前或之后，回顾小组计划的时候，等等。

幻灯片2

➡ 让学生们两两配对，必要的时候提醒他们"组成搭档"那一课。

➡ 一定要连续不断地用这样的活动把学生们混合在一起。课堂标准是："每个人都定期地和每个人进行合作"，而不仅仅是和你那几个特别要好的朋友。

第五章
培养合作技能

幻灯片3

> 用这篇短文进行练习。用正确的姿势坐在你的搭档旁边。
> 默读这篇文章。
> 在阅读的时候,使用这些符号来对文章进行标注:
> ! 表示令你感兴趣的部分。
> * 表示看起来重要的部分。
> ? 表示有问题或者你不明白的部分。

➡ 给所有的学生足够的时间完成对文章的默读和标记。如果你预见到学生们的完成速度会有较大的差距,那么就预先告诉他们:
  - 如果你先完成了阅读,那么就再回顾一遍,看看你能否找到更多需要注释的信息。

➡ 在这节合作课程中还隐藏着一个奖励性的阅读技巧。学生们其实是在练习一种简单的文章注释形式。这种停止—思考—反映的策略是大多数熟练的读者几乎无一例外都会依赖的,不管是某个人教给他们的还是他们自己发明的。

幻灯片4

转向你的搭档,说一下你或者你们两个都觉得有趣的部分。使用感叹号来找到这个有趣的部分所在的位置。

➡ 让学生们针对他们所做的三种不同的注释进行一系列简短的讨论。

➡ 为了保持快速的进度,给搭档们一分钟的时间去分享他们在文章中的有趣的发现。

➡ 本课程实际上要求学生们和搭档进行三次简短的交谈,在全班汇报在第7张幻灯片里开始之前。如果你认为这也许对你的学生们来说是具有挑战性的,那么你就可以放缓速度,进行三次全班汇报,每一次都在搭档们讨论完其中的一个注释形式之后进行。

幻灯片5

→ 继续讨论文章中重要的部分。不断在教室里来回走动以便给那些需要更多指导的学生们提供帮助。

幻灯片6

→ 最后，让搭档们讨论一下任何问题或者在阅读中出现的好奇之处。

幻灯片7

→ 现在，开始进行全班汇报，使用三种形式的注释。
→ 首先，让志愿者小组来分享他们读到的或者讨论的最为有趣的信息。

第五章
培养合作技能
BUILDING COLLABORATION SKILLS · 111

幻灯片8

➡ 接下来,继续听搭档们报告他们读到的或者讨论的最重要的信息。

幻灯片9

➡ 最后,让学生们分享在阅读和讨论的过程中出现的问题。

幻灯片10

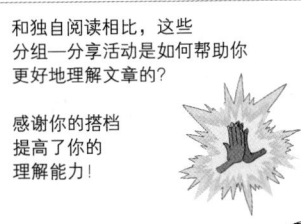

➡ 让学生们回顾一下与搭档进行转身讨论的价值。
➡ 感谢我们的搭档们!

课程 10. 好搭档的特点

◎ 为什么使用它？

随着学生们不断地进行合作，对他们来说很重要的一点就是开始清楚地认识到为什么有些伙伴关系能相处融洽而另外一些却以失败告终。在没有进行仔细分析的情况下，学生们往往会用这样的话语来总结一次失败的搭档经历，比如"我们就是合不来"或者"他或她不喜欢我。"不幸的是，当学生们连续几次遭遇到"坏搭档"的时候，就会使他们变得不愿意再与他人合作，因为这是非常令人沮丧和失望的。而且，由于学生们（就像大多数人那样）倾向于把自己的不幸怪罪到别人身上，他们从不会停下来分析一下自己的行为，然后思考一下自己在和他人合作的时候应该进行哪些改变。本课程能使学生们思考一下他们想要和什么样的搭档合作，以及他们自己想成为什么样的搭档！

◎ 什么时候使用它？

在学生们进行了一两个星期的合作之后，这个课程才能发挥出最好的效果，因为学生们最近在你的班级所参与的合作经历将会培养出他们的洞察力。如果你

> 不幸的是，当学生们连续几次遭遇到"坏搭档"的时候，就会使他们变得不愿意再与他人合作，因为这是非常令人沮丧和失望的。

第五章
培养合作技能
BUILDING COLLABORATION SKILLS · 113

观察到学生们极力避免或者拒绝与某些特定的同学合作，它也会给你带来很大的便利。

◎ 准备

·提前确定好搭档们的配对方式。

·你还需要决定学生们用什么方式做笔记：在你发给他们的纸上，从活页夹上取下的活页，作文本，或者Chromebook笔记本、NanoBook笔记本等诸如此类的东西。

◎ 课程

幻灯片1

标题：好搭档的特点

幻灯片2

➡ 让搭档们面向彼此，然后讨论一下与幻灯片2中的那些搭档进行合作会是什么样的。提问：
- 搭档的面部表情和身体语言会给你什么感觉？
- 根据他们的身体语言，你认为他们会怎么看他们的搭档？
- 你认为哪一个搭档最终会负担起大多数的工作？

➡ 给学生们一分钟的时间去讨论，然后让几位志愿者来分享他们的反应。

➡ 学生们的反应可能会把那些搭档描述为"没有准备好"，"不在乎合作"，"懒惰"，"不友好"，"表现的就像另一个人非常无趣或者是一个失败者"，"不愿意和我说话"，等等。

幻灯片3

➡ 现在，让搭档们讨论一下为什么这些学生的身体语言看起来更加有魅力。提问：
  - 他们的面部表情和身体语言为什么能够使你感到轻松舒适？

➡ 在一分钟的讨论之后，让志愿者来分享一些东西，比如"微笑"，"友好"，"看起来准备好了"，"左边的男孩看起来正在认真听你说话"，"他们都看起来很乐意与你共同承担工作"。

幻灯片4

➡ 大声朗读幻灯片并且提问：
  - 什么样的行为能使一次工作经历变得非常愉快并且能在学术上富有成效？

➡ 然后给学生们一分钟的时间和搭档聊天并且想出一些答案。

第五章
培养合作技能
BUILDING COLLABORATION SKILLS · 115

幻灯片5

- ➡ 现在，让学生们拿出一张纸或者他们的日记本，然后开始头脑风暴，列出有助于顺利与搭档进行合作的所有行为。
- ➡ 告诉他们至少要列出10种不同的行为——至少！
- ➡ 在学生们和自己的搭档们商量的时候，监督他们以确保两个人都在写各自的想法。当学生们开始慢下来的时候（2分钟到5分钟），把全班重新召集起来。

幻灯片6

- ➡ 放映并大声读出幻灯片上的指令。

幻灯片7

- ➡ 现在到制作一个总清单的时候了。
- ➡ 在这之前，先指定一个学生作为速记员，这样在全班开始分享的时候，你就可以自由地社交、监督并集中精力了。
- ➡ 说明这次群体分享的目的就是让学生们扩展自己的清单，然后增添上所有他们碰巧没有想到的积极行为。
- ➡ 提醒搭档们，如果他们清单上的全部条目都在他们开始分享之前被提到了，那么他们就可以确认一下那个他们认为最重要的行为，然后学生速记员就会在相应的条目旁边放一颗五角星，最好是他们能尽早地积极主动地上台分享。

幻灯片8

→ 强调一下，你希望每个人都能有一个完整的班级建议的总清单，而不仅仅是来自搭档们自己的观点。

幻灯片9

→ 现在，到了让学生们进行一次短暂的、独自反思的时间了。你要求学生们诚实地选出一到两种技能去进行努力，这样他们现在和未来的伙伴关系就会得到改善：
- 他们真正擅长的行为是什么？
- 他们的弱项又是什么？

→ 学生们可以把自己的反思写在前面的那种清单上，或者你可以把索引卡片用作留言条。

→ 如果你收集了这些反思，一定要在下次学生们合作的时候归还它们。在开始下一个配对活动之前，让学生们回顾一下自己的发展目标。然后，在这项搭档活动完成之后，让他们快速记下自己说过或做过的那些能表明他们正在向目标前进的具体事情。

幻灯片10

→ 最后，让学生们感谢自己搭档的优点，通过说出三个具体的他们在彼此合作的时候会使用的积极行为。

→ 还有，一如既往地，说谢谢！

第六章 进阶双人合作

在这个大类中,我们开始转向更加复杂,耗时更多,且有时会涉及一系列不同搭档的双人合作活动。这些课程中的每一个都会有更多的步骤,更深的层次,以及更多的挑战。在这个阶段,我们期望看到学生们能够与教室里的每一个人进行更加流畅、高效以及愉快的合作。而有意义的合作活动所产生的正能量现在已经超越了学生们的不情愿、小集体,以及他们对社会技能的机械使用。

课程11. 积极倾听

课程12. 展开交谈

课程13. 用约会时钟扩大熟人圈

课程14. 社交拼图

课程 11. 积极倾听

◎ 为什么使用它?

这里有一件令人震惊的事情：大多数学生来上学的时候都不是特别好的倾听者。如果我们不把这种情况迅速地改正过来，那么许多形式的合作将会从我们的课堂上消失。当然，没有人生下来就知道如何把自己全部的注意力放到另一个人的身上（或许，在我们刚出生的那几个月对我们妈妈的情况除外）。看起来，主动倾听的技能必须始终明示性地教授给学生们。

但是现在，在这个我们的学生发育成长的世界里，专心听讲看起来已经成了一个将要消失的习惯。还有人会把自己的全部注意力放都到什么东西上来？那已经老旧过时了。而如今，多任务处理则成了一种备受推崇的现代人心态。（我们不知道你是怎么样的，但是当我们同时进行多项任务的时候，我们只会把所有事情做得更糟糕。）

简单地说，我们的大多数学生都需要在倾听方面进行补救。而本课程就是开始。

> **毫无疑问，这也是一个适合于学年初的课程。学生们必须学会这一组技能，这样他们才能与搭档或者多人小组进行有效的合作。**

第六章
进阶双人合作
ADVANCED PARTNER WORK

◎ 什么时候使用它？

毫无疑问，这也是一个适合于学年初的课程。学生们必须学会这一组技能，这样他们才能与搭档或者多人小组进行有效的合作。但是，仅仅一个学期的练习是不够的。如果你没有得到你想要的结果，那么就和一个熟练的学生或者另一个成年人合作，来尝试一下鱼缸示范。在做示范的时候，让孩子们注意观察你们两人的做法，然后再反过来把那些认真倾听的行为从第五章幻灯片所列的要素中标注出来。

◎ 准备

- 准备好一篇有趣的、适合学生们的文章。给每个学生都发一份文章的复印件。

◎ 课程

幻灯片1

标题：积极倾听

→ 有时候，我们会用下面的话作为本课程的开场白：
  - 你们以前听说过"洗耳恭听"这个词吗？它是什么意思？谁来说一下？
  - 在本课程结束的时候，你并不会真的长出更多的耳朵，但你自己的耳朵也许会长变更大一点。

幻灯片2

→ 你注意到了哪些积极的身体语言？

幻灯片3

→ 提问，同时听取几位志愿者的想法：
  - 在这两张幻灯片中，你注意到学生们在做什么了吗？即使没有听到任何声音，我们也能推断出这些学生们正在进行积极的倾听。那么，现在让我们自己来试着做一下。

幻灯片4

→ 把文章分发下去。在默读的时候，学生们将使用那些最简单的文章注释方式——在你注意到某些可以和搭档讨论的有趣的事情的时候，你可以暂停一下，然后把它标记或者画出来。

→ 之后，搭档们可以再回头参考这一部分来发起或者维持一次交谈。

幻灯片5

→ 在这里，我们展示了那些最常被人们引用积极倾听的要素。

→ 耐心地看一遍这些要素，确保学生们能理解每一条的含义。

→ 如果你的学生们想出了一些新的条目，表扬他们的思考并把这些新条目增加到清单中去！

第六章
进阶双人合作
ADVANCED PARTNER WORK · 121

➡ 要向学生们说明，当示范开始的时候，他们应该努力尽可能多地使用清单中的这些行为。

幻灯片6

➡ 强调并明确这些步骤：
  - 回顾一下你的笔记。
  - 和搭档一起挑选一个话题。
➡ 如果你对学生们能理解这个任务非常有自信的话，那就直接向前跳到幻灯片7，这样他们就能在进行尝试的时候看到前面的规则了。

幻灯片7

➡ 让这些规则明显可见以辅助学生们的练习。

幻灯片8

➡ 现在，我们把范围缩小到积极倾听的一个至关重要且极具挑战性的方面：改述你的搭档所说的话。这需要真正的注意力和专注。如果在搭档说话的时候，你仅仅是在无意识地点头（主要是为了等着你的下一轮到来），那么你就会没有能力去进行总结。
➡ 给学生们时间去回想，然后对搭档所说的话进行要点陈述。鼓励他们进行速记如果有帮助的话。
➡ 让生日最早的那一对搭档进行尝试。

幻灯片9

- 在他们各自的两人小组中，让学生们汇报过程。
- 让他们在互换角色之后，努力找到能使下一个总结更加准确的方法。
- 现在，示意2号搭档进行他或她的总结。

幻灯片10

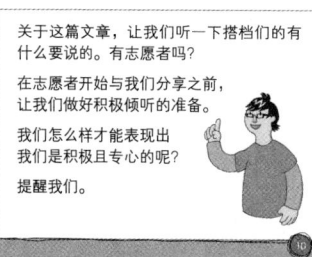

- 现在转到全班讨论，这时学生们将会继续练习同样的积极倾听的习惯，只不过是在一个更大的分组之中。
- 进行这一切的第一步就是让一个志愿者来和全班进行分享——不过在你和其余的听众们讨论积极倾听的时候，先让这位志愿者"暂停"一会。
- 在学生们都给出了他们自己的积极倾听的提示之后，展示下一张幻灯片。

幻灯片11

- 这基本上就是较早的积极倾听要素清单了（为了更好地代表较大的分组而进行了一些微调）。
- 学生们应该时刻准备去听志愿者的报告，使用他们最好的积极倾听技能。

第六章
进阶双人合作
ADVANCED PARTNER WORK · 123

幻灯片12

→ 现在，让志愿者开始分享。

幻灯片13

→ 在志愿者结束之后，让某个学生开始总结。
→ 让别的学生加入进来并对总结进行完善。
→ 持续不断地询问志愿者他/她的总结是否准确，然后找更多的学生来阐明、提炼并改进这个总结。

附加建议

- 使用幻灯片11中的清单，让学生们对自己在运用积极倾听的其他要素方面所取得的成功进行反思。

附加说明

幻灯片14

积极倾听是学生们将来的依靠，也是一种需要大量练习的技能。你可以用不同的搭档和话题重复这一课。你可以开展更加简短的、更有针对性的微型课程来学习积极倾听的其他"次级技能"，比如身体语言，支持性语言或者提问等。

课程 12. 展开交谈

◎ 为什们使用它？

随着学生们越来越习惯于在一起工作，我们希望他们开始对自己的谈话取得更多的控制权。在搭档们对开始和展开对话的方法进行练习的时候，街区地图是一个极好的工具。此外，这份地图还是一个十足的个人写作提示宝库。

一开始，学生们要画一张他们所居住的街区的地图，然后在地图上加上代表他们回忆的符号。这些地图往往能唤起人们许多的思考和创造力。在别的学生们看到它们的时候，他们往往会难以决定想要听哪一个回忆。随着学生们不断地使用这张地图来进行交谈，他们会自动地增添和修改他们的地图，因为分享给他们带来了新的观点并能帮助他们回想起那些一开始没有被包含进来的记忆。有时候，从一张地图中分享的记忆甚至能激发他们创造出新的地图，并且包含不同的街区和不同的记忆。赶快去试一下吧！

制作一张街区地图的另一个好的理由就是，它使用很少的语言就能做出详细的说明。对于语言学习者来说，图画笔记是一个完美的便利因素，图画超越了语言。当学生们描绘地图的时候，他们同时也会在内心里预演他们的故事。对语言学习者来说，有的时候很难在一个即席谈话中做出反应，因此，这种内心的演练能使

> 随着学生们越来越习惯于在一起工作，我们希望他们开始对自己的谈话取得更多的控制权。

第六章
进阶双人合作
ADVANCED PARTNER WORK

他们带着更大的自信来分析自己的故事。

◎ **什么时候使用它？**

通过街区地图来展开交谈是一个随时都可以开始的课程。然而，学生们发现在学年的早些时候开始他们的地图是非常有趣的。在最开始的交谈之后，这些地图可以被收起来放好，然后再定期地把它拿出来以进行回顾或者开展新的交谈，也许在班级社交发生变化或者学生们换了新搭档和新分组的时候。你将会看到，我们在课程13中就再次使用了这些地图。

◎ **准备**

· 收集一些普通的空白纸（法定规格的纸张更好），较细的彩色马克笔，彩色铅笔，普通铅笔，或钢笔。

· 决定学生们如何在幻灯片7中组成搭档，当他们真正开始对地图进行交换和讨论的时候。

◎ **课程**

幻灯片1

标题：展开交谈

幻灯片2

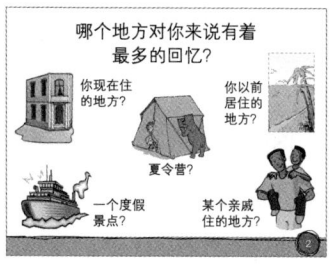

→ 在介绍这项任务的时候,我们着重强调学生们需要想出一个充满许多回忆的地方。

→ 这可能包括这里画出的一些例子或者别的一些地方:某个小学学校,一个运动场,一片森林,一个工作过的地方(如果孩子们年龄大些的话),等等。

幻灯片3

→ 地图绘制概观,以学生的作品为例。

→ 看起来就是这样。

幻灯片4

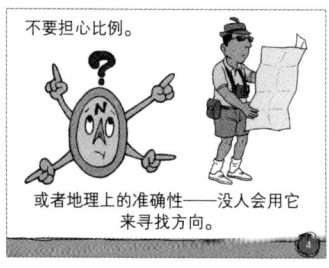

→ 在你回想地图的时候,不要担心准确性或者方向或者比例。这并不是一个人人都想使用来寻找某个具体位置的地图。这个地图和从谷歌地图上获取方向正好相反!

幻灯片5

→ 这张地图重要的地方在于记忆。而且,在你回忆你的街区以及在那里发生的事情的时候,要时刻牢记你的地图是要和他人进行分享的。如果有的回忆过于隐私而不能分享,那么你或许就不想把它包含到你的地图上来。

第六章
进阶双人合作
ADVANCED PARTNER WORK

→ 是的，我们要求学生们对他们可能会写下的东西进行审查，但是这个活动的全部意义就在于创造一个能够被分享的观点的目录。然后，当我们开始和搭档们一起使用这些地图的时候，我们发现学生们会非常沮丧，如果他们的搭档因为它"太私人化"而拒绝分享地图上的任何东。因此，我们只需要可以分享的记忆。

→ 如果你和其他年龄较大的学生们一起合作的时候，你需要提醒他们：
  - 当你的地图在你的思考中开始成型的时候，记住，我们必须坚持那些适宜于学校的回忆。

幻灯片6

→ 重放示例地图并回答问题。

→ 你需要为这张地图确定回忆的最少数量，比如至少要想出10件事情。现在，给学生们一些时间来画图。有了足够的时间，孩子们标记出25个回忆、事件以及重要场景是并不罕见的。

→ 你可以让学生们对下面这些问题进行思考来作为开始：
  - 你的院子或者街道是什么样的？那里曾经发生过什么？
  - 在成长的过程中，你经常和你家附近的谁一起玩耍吗？你们喜欢在哪里玩？
  - 你们经常玩什么游戏或做什么运动？在什么地方做？
  - 曾经出过事故或受过伤吗？曾惹过什么麻烦吗？
  - 你养过宠物吗？哪个宠物最出色？你能给我们讲一讲它们的故事吗？

- 你第一天上小学的时候是什么样的？初中呢？高中呢？
- 在你的卧室里，什么东西充满了回忆？因为那份回忆，你保留了什么纪念品、奖品、体育物品或者衣服？
- 什么回忆是和你的兄弟姐妹有关的？

➡ 我们一般会在课堂上用10分钟至15分钟的时间来开始这些地图，然后停下来分享他们到目前为止所得到的东西。如果你选择的话，学生们可以继续在教室外面完成他们的地图，或者他们可以直接跳到下一个步骤。

➡ 在学生们画地图的时候，密切地监督他们，重点关注那些超前完成的搭档们。对于这些学生，使用快速讨论的方法来帮助他们回想起更多的东西。

➡ 一定要提前决定你想要的这些地图的"最终稿"的样子。我们常常仅会把这些地图看成正在完善中的草图，正如我们在前面提到的那样，随着时间的推移，它们还会被增添上新的内容。然而，学生们往往会倾向于去创作一个整洁、多彩且精心规划的最终版本。而这也许是在年终才可以去做的事情，当所有可能的回忆都被记录在草图上之后。

第六章
进阶双人合作
ADVANCED PARTNER WORK

幻灯片 7

- ➡ 一旦学生们交换了地图并开始研究它们,就对他们进行监督。对那些仅粗略地看了一眼地图的学生,问一下他们所选择的那个记忆以及他们打算提出的问题。
- ➡ 如果你愿意,就让学生们快速写下那个引起了好奇心的回忆;然后,在下面,让他们列出在采访搭档的时候他们可能会问的关于这个回忆的问题。

幻灯片 8

- ➡ 让搭档们决定谁先开始。
- ➡ 在采访开始之前,回顾一下最好的后续问题是如何从仔细倾听中得来的。
- ➡ 提醒那些被采访的人说出足够多的有趣的细节。

幻灯片 9

- ➡ 给每一对大约两分钟的时间。

幻灯片10

➡ 听几个故事是引入"延续"这一概念的一个非常好的方法。不是仅仅去听一些随机的回忆,而是考验学生们,让他们找到把前后两个故事联系起来的方法。
  - 它们的共同点是什么?

幻灯片11

➡ 绝对不要忘记说"谢谢"!
➡ 它用不了多少时间,但它对一个积极的环境所做出的贡献是非常令人震惊的。如果有学生抱怨说这看起来是虚假的,那么就告诉他们说,他们需要更多地练习如何感谢他人。最终,它就会成为一种自然而然的并且看起来真实的技能。而且,由于自己的努力而受到别人的感谢是人们永远也不会厌倦的事情!

第六章
进阶双人合作
ADVANCED PARTNER WORK · 131

课程 13. 用约会时钟扩大熟人圈

◎ 为什么使用它？

一旦学生们能够和几位搭档进行持续的对话，就到了让他们做出转换的时候了，即和班里的多位同学进行短暂的"约会"。这保证了每个人都有机会和其余的每个人进行合作，进而巩固了班级友谊。虽然这些约会都很短暂，但这些快速、积极的互动能在以后产生丰硕的回报，在你对分组进行重新洗牌而学生们不得不和新的成员们建立联系的时候。想象一下吧，分组变更会进行的多么顺利，如果学生们和新组员会面的时候想到，"在做约会时钟活动的时候，我和她进行了很多有趣的交谈！"

而且，还记得课程12中的那些街区地图吧？在这一课里，我们也会让它们派上一些用场。到现在，你也许已经注意到，无论什么时候，只要有可能我们就会尽力重复使用那些学生们已经熟悉了的惯例和程序。这能帮助你节省你下达指令的时间，因为并非每一件事一直都是"新的"。此外，学生们对可以预测的程序越熟悉，他们从你那里需要的公开指令就越少。

◎ 什么时候使用它？

我们始终建议你在学年开始了几个星期之后再使用那些需要你所有的学生都离开座位的课程。为了进行适当的监督，防止不好的行为，并把那些害羞的学生从教室的隐蔽角落揪出来，你真的有必要记住每一个人的名字。但是，一旦那些都被完成了，我们就发现学生们慢慢地喜欢上了这些活跃的课程，因为日复一日的坐着也会变得相当冗长乏味。

◎ 准备

- 给班里的每个成员都复印一份约会钟。
- 每个学生都准备好在展开交谈那一课中自己画的街区地图。

◎ 课程

幻灯片1

标题：用约会时钟扩大熟人圈

幻灯片2

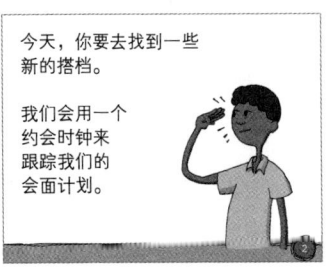

➡ 放映并大声读出幻灯片。

幻灯片3

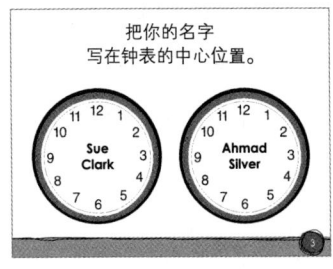

➡ 放映并大声读出幻灯片的内容。

➡ 在放映下一张幻灯片之前，监督以确保每个人都把自己的名字写下来。

第六章
进阶双人合作
ADVANCED PARTNER WORK · 133

幻灯片4

➡ 今天，你们将获得和一些不同的小组成员进行合作的机会。你们的主要目标就是结识新朋友，因此，尽最大努力避免和你现在的搭档或者你的老朋友们约会。有问题吗？

➡ 在找到你的第一个搭档之前，等待下一步的指令。

幻灯片5

➡ 全体起立。我们将会从1:00开始。

幻灯片6

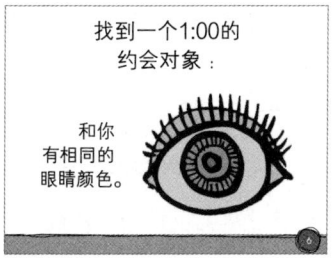

➡ 当我说开始的时候，找到和你的眼睛颜色相同的那个人。尽最大努力避免和你原先的搭档或朋友配对。记住，你们的目标就是认识新朋友，即那些从没有与你合作过的同学。

幻灯片7

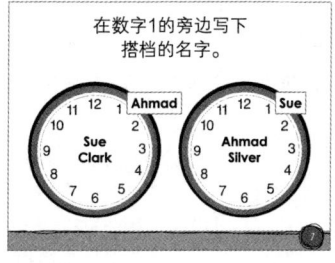

➡ 在找到你的"眼睛颜色"约会对象之后，把彼此的名字都写在1:00的旁边；然后再次检查一下你们确实把彼此的名字写在了相同的时间旁边。相信我，你很容易就会写错。

➡ 在学生们寻找搭档的时候，老师要在教室里来回走动并在必要的时候进行辅导。如果你看到一小堆朋友正要聚在一起，那就阻拦他们。如果你看到某个人正在独自坐着，那就把他拉回到人群中去。

➡ 如果你的学生的人数是奇数，让每个人都把那个多出来的人的名字写在约会时间的旁边并用星号进行标注；这表示这个学生将会充当钟标上那个时间的替补。迟早，某个人的搭档会出现空缺，于是这个学生就可以进行替补了。当这种"替补"程序被采用的时候，一定要向全班声明：

- 由于现在我们的人数是奇数，因此，每一个约会时刻我们都需要不同的人来志愿充当替补。

幻灯片8

➡ 这次的时间是2:00。找到和你头发颜色不同的搭档。记住，你们的目标就是认识新朋友，即那些从没有与你合作过的同学。在找到你的"头发颜色"约会对象之后，把彼此的名字写在2:00的旁边；然后再次检查一下你们确实把彼此的名字写在了相同的时间旁边。

➡ 如有必要，还要提醒学生们：

- 不要忘记，我们需要换一个人来志愿充当2:00角色的替补。

幻灯片9

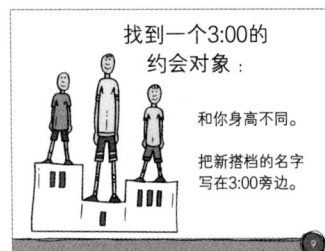

➡ 放映并大声读出幻灯片。

➡ 如有必要，还要提醒学生们：

- 不要忘记，我们需要换一个人来志愿充当3:00角色的替补。

第六章
进阶双人合作
ADVANCED PARTNER WORK

幻灯片10

- ➡ 放映并大声读出幻灯片。
- ➡ 如有必要,还要提醒学生们:
  - ■ 不要忘记,我们需要换一个人来志愿充当4:00角色的替补。

幻灯片11

- ➡ 放映并大声读出幻灯片。

幻灯片12

- ➡ 放映并大声读出幻灯片。
- ➡ 喊出其中一个约会时间(从1到4)。
- ➡ 等待让学生找到他们正确的搭档。如果学生的人数不均而且暂时没有了"替补空缺",那么那个指定的替补就可以随意挑选一组来加入。

幻灯片13

- ➡ 放映并大声读出幻灯片。
- ➡ 由于已经完成了前面的展开交谈的课程,学生们应该对进行以交换街区地图为基础的回忆采访很熟悉。
- ➡ 给约会的搭档们一分钟的时间去研究彼此的地图,

然后让采访开始。给每一个搭档两到三分钟的时间进行采访。在搭档们需要互换角色并开始第二次采访的时候,记住叫暂停。

幻灯片14

➡ 你可以在这里结束课程,也可以继续进行第15张幻灯片。

➡ 是的,我们知道我们反反复复地讲同样的话,听起来就像是一直重复播放的损坏了的唱片(或者是损坏了的iPhone云系统),但是,你能让学生们彼此之间感谢的场景越多,课堂氛围就会越好!

幻灯片15

➡ 喊出一个新的约会时间,进行下一轮的回忆采访。

➡ 你可以返回幻灯片12、13和14或者保持在幻灯片15上,然后,在监督约定会面的时候,你只需重复说出指令就行了。

➡ 我们一般建议每天仅进行一两次约定会面。或者,如果你的时间紧张的话,你也可以自由地把这四个约会延续到接下来的三天时间里去完成。在你完成的时候,确保让你的学生们安全地收藏好他们的地图和约会时钟以便未来的检索和使用。

附加说明

增加约会

在完成了他们最开始的四次约会之后,学生们将会明白约会时钟的步骤。根据你的班级情况,你可以让学生们自由地制作他们自己的附加约会或者继续以和我们

第六章
进阶双人合作
ADVANCED PARTNER WORK · 137

相同的做法来构造。但是，为了让它更加有趣，你可以让学生们想出新的约会类别。还有，在以后的时间里，每次只寻找一两个搭档就可以了，然后一定要安排好时间，这样学生们就能再次对每个新约会进行一次快速的回忆采访。最后，没有规定说学生们必须完成12个新约会。这个活动是灵活性的，因此你可以根据自己的实际需要来调整。

与之前的约会重新连接起来

尽管我们是通过街区地图来对约会时钟上的会面进行展示，但是学生们可以在一起讨论任何话题。一个有趣的、快速讨论替代话题就是那一系列书名叫作《你愿意……》(*Would You Rather…*)的图书。你可以从中挑选出一本，让学生们阅读书里的各种选择，然后再让他们向彼此解释说明他们会做哪一种选择以及这样做的原因。只要把这个书名输入到亚马逊的网站上进行搜索，你就会找到相当多的各种各样的图书；我们推荐你使用那些专门适用于孩子的书籍。也有很多成年人看书籍中能够在课堂上使用的好话题，但是它们也有许多完全不适用于孩子们的章节。

约会时钟还可以被用来分享持续默读（SSR）的书籍或者回顾信息。鼓励你的学生们想出新的方法来与他们的约会对象进行富有成效的会面。

> 这个课程引人注目地展示了，为了能成功地与各种不同的搭档会面和交谈，人们需要多少不同的"软技能"。

突出强调软技能

这个课程引人注目地展示了为了能成功地与各种不同的搭档会面和交谈,人们需要多少不同的"软技能"。也许不是在第一次会面之后,而是在多次会面之后,再花些时间来讨论一下这个吧。下面就是学生们可能会列出的技能:

- 学习并记住名字
- 使用友谊和支持来让人们感到轻松舒适
- 仔细倾听
- 提出开放式问题
- 轻声说话
- 使用积极的身体语言
- 专心于任务
- 专注于搭档

猜猜怎么着?这些技能也同样是在工作面试的时候能派上用场的!

课程 14. 社交拼图

◎ 为什么使用它?

与我们的其他社交课程一样,它能用身体活动来使孩子们的思维具体化,我们认为这对孩子们是非常有用的。有时候我们会忘记,对一个充满活力的人来说,一动不动地坐着听讲是一件多么彻头彻尾不自然的事情。

◎ 什么时候使用它?

当学生们开始一个新话题或者阅读一篇新文章的时候,这是一个对他们非常有用的活动,而且他们需要激活自己的背景知识并激发出对这个主题的好奇心。事实是,学生们站起来,然后在一个像游戏一样的拼图探索活动中,在全班各处进行思考和社交,最后等到一个"正确的答案"。这会让学生们也想加入进来。

◎ 准备

· 给学生们分发3cm×5cm大小的卡片,用来记录他们感兴趣的东西。

◎ 课程

幻灯片1

标题:社交拼图

→ 只让学生们谈一谈单词"社交"(mingle)的意思,或者某些人们会进行社交的场景就可以了。

幻灯片2

➡ 让几位志愿者来分析一下社交的经历。

➡ 社交的关键特点就是你和许多人就一件事情进行简短的交谈。

幻灯片3

➡ 对社交过程的预览。

幻灯片4

➡ 告诉学生们，如果可能的话，你想要他们分享一些关于自己的新鲜事。

➡ 第一次让学生们社交的时候，我们会以他们的个人爱好作为话题。但是之后，社交可以是学术性的。学生们可以对某个学科领域的文章概念或者争论进行同样的简短交谈。如果选择了这种话题，那么一定保证它是真正可以讨论的，而且学生们有足够多的时间来在社交之前整理自己的思路。

第六章
进阶双人合作
ADVANCED PARTNER WORK · 141

幻灯片 5

→ 给学生们一分钟的时间来做笔记。

幻灯片 6

→ 了解你将用来让学生们进行社交的地方——提前把这里打扫干净,或者在现在需要的时候让学生们移动桌椅。

→ 你需要一个真正开阔的空间来让搭档们会面;一旦配对完成,他们就可以出来,然后走到房间的角落中去了。

幻灯片 7

→ 你可以和一个学生一起对此进行示范,用一个优美的交谈姿势转身站在一起。示范一下你们是怎样走出舞池进行交谈的,然后又是怎样在时间到的时候回来的。

→ 示范一下一对搭档会如何返回舞池,彼此致谢,然后挥动卡片去寻找新搭档的。

幻灯片8

> 向学生们强调社交是快速进行的,这一点很重要。

幻灯片9

> 重复这一过程。

幻灯片10

> 积极地来回走动,每隔一分钟就报一次时间。
> 学生们第一次这么做的时候,他们将会非常需要你的指导来完成交谈并找到新搭档——因此,不要害羞。
> 不要担心8位搭档的目标。根据人们对自己搭档感兴趣程度的不同,搭配的数量会有所不同。在10分钟之后或者学生们的互动渐渐停止的时候叫暂停。

第六章
进阶双人合作
ADVANCED PARTNER WORK · 143

幻灯片 11

→ 这是一个练习班级安静信号的好机会。
→ 给学生们一分钟的时间安静下来。

幻灯片 12

→ 帮助学生们练习积极倾听,通过让几位志愿者来分享一下他们的某位搭档给他们分享的事情。

幻灯片 13

→ 让搭档们补充,润色或者核实。

幻灯片 14

→ 四处致谢。

第七章 转向小组模式

接下来,学生们就要把他们与搭档们一起磨练的互动"技能"带入到与更大分组的合作中去了——通常是四个人一组,很少有四个以上成员的分组。我们期望学生们能带来他们和搭档们一起培养出来的所有技能,而现在,则要给他们增加更多的技能。我们首先返回到通过采访来增进熟悉的步骤,把那种友好和互助的态度转移到与更多搭档的合作中去。然后,接下来的四个课程使我们在基础的小组工作方面得到练习;所有的这些结构都是课程友好型的,而且能够与任何学科领域的内容一起使用。

课程15. 成员资格表格采访

课程16. 分享发言时间

课程17. 留下最后一句话

课程18. 传纸条

课程19. 作品展览

第七章
转向小组模式

课程 15. 成员资格表格采访

◎ **为什么使用它？**

正如搭档采访充当了在搭档们开始学术讨论之前的热身活动那样，对较大的分组来说也是如此。成员资格表格采访只占用5分钟的课堂时间，但是它们会在接下来的学习中给你带来高额的回报。以一个儿童友好型的讨论话题开始能带来更好的和内容有关的讨论，因为提出好的后续问题就是"热身"活动的本质。

◎ **什么时候使用它？**

每当较大的分组（通常是4个人）进行会面的时候，我们都会尽力使用成员资格表格。对一个由孩子挑选的"娱乐性的"话题进行谈论而花费的几分钟时间给剩下的主题讨论打好了基础。我们发现，在我们对"花费在任务上的时间"的狂热追捧中，把小组立刻推向复杂的内容往往可能会导致小组的讨论既没有活力也没有内容。那是因为，要对成员们的观点感兴趣，你必须先对他们本身感兴趣。这个成员资格表格采访活动使小组成员们对彼此更加感兴趣。在小组会面的时候，并不要为了图节省时间而忽略了这一个步骤。

> *每当较大的小组会面的时候，我们都会尽力使用成员资格表格。*

◎ 准备

·提前决定学生们组成三到五人长期合作小组的方式。我们不推荐使用超过四人的分组方式（或者五人，如果你的某些学生经常缺勤的话。）

·确保学生们知道你想要他们怎样移动桌椅并就座，这样他们的注意力焦点就会集中到小组上来。由于学生们也许已经在同一个小组里合作了一个星期或更久了，你可能需要重新调整座位表来适应小组的组成形式。

·确定学生们记录小组采访话题清单的方式：使用你分发的纸张，或者从他们的活页夹上取下的活页，或者是作文本，再或者是在平板电脑上。

·每个学生都需要一张成员资格表格的复印件。

◎ 课程

幻灯片1

标题：成员资格表格采访

幻灯片2

➡ 一旦各小组集合在了一起，就让他们头脑风暴出一些好的、适宜于学校的采访话题。由于学生们已经对搭档采访非常熟悉了，他们应该准备好拿出一些好的选择。

➡ 给他们3到5分钟头脑风暴的时间。

第七章
转向小组模式
MOVING INTO SMALL GROUPS · 147

幻灯片 3

→ 选出一些建议，然后挑出对每个人都适合的那个建议。

→ 告诉各小组把他们没被选中的想法都保存下来，因为他们将会在以后用到它们。

→ 如果有人对选择的话题表示抱怨，那么就给全班一些提示，提示他们如何就这个话题来接受采访。比如，如果话题是宠物而你却没有任何宠物，那么小组仍然可以采访你，采访你没有宠物的原因或者你将来想要什么宠物。

幻灯片 4

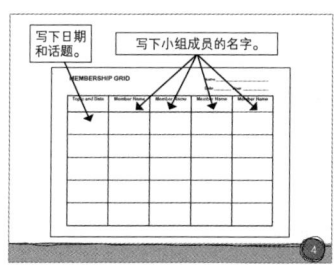

→ 分发成员资格表格并给学生们展示如何填表。

→ 在表格中的姓名栏里，学生们要写下除自己之外的其他人的名字，因为在作为采访对象的时候，他们自己是不用做笔记的。

→ 那就意味着，如果小组里有4个人，那就只填写表格中的3个姓名栏；如果小组有5个人，那么表格中的全部4个姓名栏都要填写。

→ 由于每次会面你只使用了该表格的一行，那么这个表格就能被用于5次不同的会面。你也可以提醒学生们，你会定期地把这些填好的表格收上来，以对他们采访技能的进步进行评估。

幻灯片5

➔ 给学生们展示一个列子。

➔ 要点并不在于把采访中的每一个单词都照抄下来，而是只要快速记下那些能真正抓住评论精髓的关键词和短语就可以了。

➔ 提醒学生们把字写得小些，这样他们写下的所有信息都不会出格。

➔ 现在，问一下他们的例子中缺少了些什么：
  - 第一，话题栏中缺少了日期。
  - 第二，看起来这个小组在提出开放式问题方面本能做得更好；有些回答栏在具体细节方面看起来非常单薄。讨论一下，小组成员们可以问什么问题来得到远远超过这些肤浅的回答。比如，小组本可以问丽莎，"那部电影中发生的什么事情是令人毛骨悚然的？"

幻灯片6

➔ 放映幻灯片并大声读出指示。

➔ 一定要强调一次只能有一个人接受采访，但是所有其他人都要协助进行采访。
  - 这意味着每个人都要负责提出开放式的后续问题，在每个成员接受采访的时候。
  - 每个人都应该快速记下有趣的回答当它们出现的时候；小组成员不能只写下他们所提问题的回答。

➔ 监督各小组或者甚至是短暂地坐在小组里以确保每个人都遵守指示并在采访中发挥积极的作用。

第七章
转向小组模式
MOVING INTO SMALL GROUPS

幻灯片 7

➡ 请几个小组分享一下出现的有趣的信息。

幻灯片 8

➡ 继续进行，让进行分享的小组回想一下那些使采访变得如此吸引人的开放式问题。

幻灯片 9

➡ 没有会面是完整的，除非你们对彼此说了谢谢！

课程 16. 分享发言时间

◎ 为什么使用它？

我们的合作模式大部分都需要"无领导"小组——在小组中，每个成员都能平均地分摊工作，而不是轮流当"老大"来包揽小组的全部工作。可能会破坏这种互不相欠的分配方式的一个现象就是某个人从头到尾地主导着小组的会面（成年人中也会出现这种现象）。有的时候这是一种无意的举动，而这个人也只是想尽力帮忙，帮那些害羞的、昏昏欲睡的、未参与进来的或者纯粹在偷懒的小组成员挑起担子。还有的时候，这个人就是"麦霸"，他仅仅是对自己说话的声音极度自恋，并且他的发言完全淹没了别的潜在参与者的声音。

◎ 什么时候使用它？

在两个符合逻辑的时间上，我们是需要这个课程的。首先，在孩子们从双人配对的分组转到人数更多的小组的时候，你将会引入这个课程。然后，不管在任何时候，只要你注意到学生们中间出现了"麦霸"或者偷懒的现象，你就可以再次回到这一课。如果这种问题只出现在了一个小组，你可以直接参与到这个小组，

> 小组中不均等的发言时间可能会是一个经常性复发的问题；只要某些学生对自己极为自负，而他人也会乐得清闲，因此，我们需要不断地重温这个课程。

第七章
转向小组模式
MOVING INTO SMALL GROUPS

并对小组的成员们进行指导。但是，如果这种不对称的参与变得更加普遍，那么你可能需要在第二天做一次全班授课。小组中不均等的发言时间可能会是一个经常性复发的问题；只要某些学生对自己极为自负，而他人也会乐得清闲，因此，我们需要不断地重温这个课程。如果我们不这么做，那么每一个人都不再表现出责任、行动以及义务。

◎ 准备

· 在幻灯片9中，你需要为孩子们准备一个讨论话题。你可以使用一个非常简短的、与你的学科相关的非小说类文章。更好的做法是，选一个可以用幻灯片放映的引文、图表或者谜题，这样就不需要下发材料，也就不会浪费木材了。一定要确保你选择的材料能让孩子们进行三分钟到五分钟的讨论。

◎ 课程

幻灯片1

标题：分享发言时间

幻灯片2

有些时候，
在两人搭档或者
小组中，
有些人说的
过多……

……而另一些人
则说的过少。

➜ 放映并大声读出幻灯片。

幻灯片3

你可以把它叫作
"猪头和木头"问题。

这可能听起来很有趣，
但是不均等的发言时间
不会带动每个人都积极地
参与到讨论中去。

在一个出色的小组讨论中，
每个人都能经常发言
并交换意见。

➜ 你可以提问：
  ■ 你曾经经历过那样的讨论吗？你是猪头还是木头？

幻灯片4

在你们各自的小组中，详尽地讨论一下这个问题。

为了让每个人在讨论的时候都获得大致相同的发言时间，你能做些什么？

尽最大努力列出至少五个解决方案。

➜ 给各小组大约3分钟的时间去思考和记录。
➜ 在还剩1分钟的时候，提醒学生们他们需要分享自己列出的五个可能的解决方案。

幻灯片5

谁有一个能平衡发言时间的建议？
这个想法将会给你们的讨论带来哪些改进？
让我们考虑一下这个想法可能存在的优势和劣势。

IDEA #1
Advantages Disadvantages

➜ 从几个小组中采纳一些建议，理想的做法是每个小组采纳一个。
➜ 把这些建议写在黑板或者记录纸上以供后续的参考。
➜ 一定要花时间考虑每个建议潜在的缺点。比如：孩子们的第一个想法往往是使用计时器或者手表。由于这个练习可能是教育性质的，所以它并不会产生

第七章
转向小组模式
MOVING INTO SMALL GROUPS

真正的交谈,而真正的交谈是以自发的交换意见以及长短不一的反映为特征的。

➡ 另一个可靠的建议(对一个简短的培训而言,我们确实发现它很有用)就是使用"发言令牌"或者一个"发言棒"来计算每个人的发言时间。在我们的版本中,每一个小组成员都会得到五个扑克筹码。每次在你发言的时候,你就要用掉一个筹码。当你的用光了筹码的时候,你就得闭上嘴巴不能再说话了,而剩下的孩子们就会继续接着进行交谈直到所有的筹码都用完为止。然后,每个人回到庄家那里再领取五个筹码,然后继续讨论。同样地,这种方法的缺点是有些机械呆板,但是它能给"麦霸"们带来的显著影响往往会在语言指导没有效果的地方发挥重要的作用。

幻灯片6

➡ 花时间来认真地处理学生们提出几个的建议。这样做可以建立学生们的支持。

幻灯片7

➡ 再提一个建议。

幻灯片8

- 想尽一切办法，让学生们持续列出6到10个好的建议，如果他们能源源不断地提出它们的话。
- 随时准备把你自己的想法添加进去，如果清单上缺少了一个关键选择的话。

幻灯片9

- 现在，你正在让孩子们做好准备去选择一个平衡发言时间的策略并对它进行尝试。
- 让他们首先选出一个讨论话题。
- 分发或者放映你选择的材料并给学生们一些时间来让他们进行仔细思考并准备讨论前的笔记。
- 如果孩子们觉得做笔记很困难，你可以建议他们：
  - 写下3件你想和小组成员们进行讨论的关于这个（文章、引语、话题）的事情。

幻灯片10

- 现在，让各小组从你们之前共同创建的清单中选出一个方法，围坐在一起，然后在他们选择的话题上对这个方法进行尝试。

第七章
转向小组模式
MOVING INTO SMALL GROUPS

幻灯片11

进行一次高质量的讨论并使用新的分享发言时间的策略。

→ 根据他们的参与程度,给孩子们3分钟到5分钟的讨论时间。

→ 监督小组的讨论情况,收集一些例子或者观察数据以便为之后的分享做准备。

幻灯片12

关于这个话题,你们讨论的最有趣的观点是什么?

在我们分享之前,花一点时间来回顾一下你们的讨论。

→ 首先,听取交谈的内容:孩子们关于你提供的这个话题、文章或引语所说的话。

幻灯片13

- 交谈讨论进行的怎么样?
- 当你尝试了一个发言时间策略之后,取得了什么结果?
- 哪一个策略是最有效的?

→ 现在,让学生们对讨论过程进行交谈,特别是关于选定的发言时间平分策略取得了怎样的效果。

→ 尽力找到那些带来最佳效果的方法,然后在清单上着重突出描述。

→ 如果有些方法无一例外地都遭到了失败,那么你就可以立刻画掉它们。

幻灯片14

祝贺你的小组成员们通过出色的努力解决了那个"猪头"和"木头"的问题!

→ 棒极了!

课程 17. 留下最后一句话

◎ 为什么使用它?

尽管学生们越来越擅长把真正有趣的讨论问题带到小组会谈中来,但后续的交谈仍然有可能达不到预想的效果。我们可能会想:怎么会这样呢?那个孩子确实提了一个非常棒的问题啊!为什么所有的事情都没有按照预想的那样发生呢?因为那个孩子只谈了两秒钟就接着继续做别的了!经过多年的观察,我们已经找到了问题的原因。很多时候,那个提出好问题的学生都是冲得太靠前了,在其他所有人还没来得及回答之前,他就已经把问题的答案说出来了。那么,当提出问题的那个人自己回答了自己的问题的时候,再去说些什么还有什么意义?如果有谁知道答案的话,那么肯定就是那个写下问题的人,对吧?讨论到此结束。

因此,我们解决这个问题的方式就是把讨论分解为一系列的步骤。这些步骤要求小组中的其他每一个人都要在我们所说的讨论发起人之前加入讨论。不是去快速地回答自己提出的问题,讨论发起人只能提出问题,然后宣布,"把最后一句话留给我来说!"

> *很多时候,那个提出好问题的学生都是冲的太靠前了,在其他所有人还没来得及回答之前,他就已经把问题的答案说出来了。*

第七章
转向小组模式
MOVING INTO SMALL GROUPS · 157

◎ 什么时候使用它？

在你希望学生们能更加均等地在小组中分享他们的观点的时候,你可以使用这一课。专门用于3人或4人的小组,而且在小组已经进行了多次合作讨论之后,本课程才能达到最佳效果。

◎ 准备

· 提前决定学生们组成3到5人持续合作小组的方式。

· 在小组会面之前,小组成员们需要阅读完并注释好一篇指定的与学科内容有关的文章以便为讨论做准备;所有的学生都要阅读并注释同一篇文章。根据时间,阅读和注释可以在课堂上完成,也可以留作家庭作业。然而,如果你能把阅读安插在课堂上,这就会保证小组中的每个人都能为讨论做好准备。

· 在学生们阅读的时候,让他们标注下有趣的段落并写下开放式的问题。他们将需要在本课程的过程中提出多个好的讨论话题,因此,这个准备是很有必要的。文章由你来选择,因此,就挑选那些能促进你当前单元学习的文章吧。

◎ 课程

幻灯片1

标题:留下最后一句话

幻灯片2

➡ 以庆祝学生们所做的充分准备和精心思考作为开始。

幻灯片3

➡ 放映并大声读出幻灯片。
➡ 你也注意到这个了吗?

幻灯片4

➡ 继续描述你观察到的情况：
  - 通常来说，当一个人说完了一切（往往都是那个提出了话题的人）的时候，小组里的其他人点头表示同意并转移到下一个新的讨论话题。除了没有进行深度讨论的事实之外，那些较为安静的小组成员可能也有一些有趣和有价值的观点要分享，但他们却插不上话。
➡ 总结：
  - 今天，我们将要试验一个新策略，它将帮助你听到每个人的声音并改善你们的讨论。

第七章
转向小组模式
MOVING INTO SMALL GROUPS · 159

幻灯片5

➡ 密切地监督这个报数的活动。尽管它看起来是显而易见的，但也要确保学生们围成一圈报数。

➡ 不用十分明确地说出方向，但我们保证至少有一个小组是按照Z字形进行报数的，这样小组成员们再想轻松地跟随即将到来的方向就几乎是不可能的了。

幻灯片6

➡ 让各小组的1号举手。他们将会成为讨论发起人，即那些抛出一个问题或选出一个段落以供讨论的人。

➡ 对讨论发起人解释，他们需要每个人都翻到与他们相同的那一页以及相同的那一个段落。

➡ 一旦小组中的其余成员都到齐了，发起人就应该大声阅读这个段落或者提出一个开放式的讨论问题。你可以说：

- 好了，讨论发起人们，把你们的问题抛出来吧，但是稍等一会再开始讨论，因为今天我们将要尽力做一些改变。

幻灯片7

➡ 现在告诉他们：

- 讨论发起人，对于那个你刚向自己的小组抛出的问题或段落，我确信你们能说出很多东西，但是，现在你们只能说一句话："留下最后一句话给我"。

➡ 祝你们合作得愉快；鼓励讨论发起人去进行夸张的表演。

➡ 转向你的小组，说出这句话，然后让其余的每个人安静地思考一下他们的反应。

幻灯片8

➡ 现在，讨论发起人们，在小组的其他成员们回答你的问题或者评论你选出的段落的时候，你们要认真仔细地倾听。

➡ 小组成员们，尽力避免只去重复上一个人说过的话。对前一个观点进行补充或者想出一个全新的、能讲得通的想法。

幻灯片9

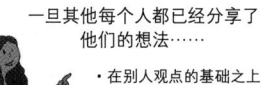

➡ 向学生们强调一下，一旦小组里其他的每个人都分享完毕，那么，使讨论保持进行下去就成了讨论发起人的责任。

➡ 发起人可以：

- 根据其他人说话的提一个开放式的后续问题。
- 以人们分享的观点为基础进行扩展。
- 提出一个能让小组成员们讨论的相关观点或者文章段落。
- 从头开始，做出他/她渴望分享的评论。

幻灯片10

➡ 现在说：

- 我们现在将会再尝试一次。在这一轮里，讨论发起人保持不变。发起人们，你们都要提出新的讨论话题，因此，在你们提问或者朗读某个段落之前，你们需要告诉大家去看文章的那个地方。然后，就像上次那样，最初你们能说的全部就是，"留下最后一句话给我"。不要忘记把它变得戏剧化一点！在开始之前，回顾一下这些步骤。

➡ 给学生们一分钟的时间去研究这些步骤。

第七章
转向小组模式
MOVING INTO SMALL GROUPS

- ➡ 还有问题吗？好的，讨论发起人们，到你们了！
- ➡ 在小组进行讨论的时候，对他们进行监督和聆听。
- ➡ 如果可能的话，随身推一把椅子或者凳子，这样你就能出其不意地加入任何小组，然后对成员们进行仔细观察。
- ➡ 最有可能的是，你会注意到最后一个进行分享的人会没有太多东西可说；能说的一切在之前已经被别人说完了。这是完全可以预测到的，下一张幻灯片就为这个问题提供了一个解决方案。

幻灯片11

- ➡ 放映并大声读出幻灯片。
- ➡ 给小组一分钟的时间去讨论并让他们分享自己对问题产生原因的解释。

幻灯片12

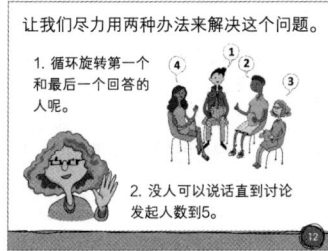

- ➡ 最有可能的是，学生们会提到快速地想出许多新观点是困难的事情，以及要想出某些别出心裁的观点对最后一个人来说确实是非常困难的事情。
- ➡ 告诉他们说：
  - 马上，我们就会继续讨论——但是我们还会改变几件事情。首先，你们回答问题的顺序将会循环更迭。那就意味着如果你刚才是1号的话，那么这次就会是2号。回想一下你们之前的报数然后计算出你们新的循环号码。
- ➡ 给小组一点时间。
  - 还有问题吗？

- 其次，在这次第二轮的讨论中，在任何人可以回答之前，你们都将会遵守一个等待时间。新的讨论发起人（现在号码是1号的那个人）需要数到5，之后2号才能给出第一个答案。在这个等待时间里，你要努力去思考你能分享的所有观点以及你也许需要在文章中指出的，支持自己观点的文字。

幻灯片13

> **让我们再试一次！**
> **记住要旋转轮换角色！**
> - 新的1号分享问题或文章，然后说，"留下最后一句话给我"。然后默数到5。
> - 新的2号分享观点。
> - 新的3号分享观点而不重复前面说过的内容。
> - 新的4号分享观点而不重复前面说过的内容。
> - 新的1号最后分享观点，但同时尽最大努力让讨论继续下去。

➡ 再仔细读一遍步骤。等一分钟的时间进行默读。不要忘记你们已经循环旋转了号码。开始然后继续进行讨论。如果你们完成了这一轮，那么就再次旋转号码，产生新的讨论发起人和新的回答顺序。每当轮到你做讨论发起人的时候，在最初一轮的分享之后，尽力保持讨论继续进行下去就成了你的工作。还有问题吗？努力保持你们的讨论继续进行下去，直到我喊了暂停之后。

➡ 继续进行监督。

➡ 不要担心去干预他们，如果你发现第一个回答的还是那个健谈的人或者如果你看到有组员忘了说，"留下最后一句话给我"。

➡ 如果你看到成员们忘记加上数到5的等待时间，也要进行干预。

➡ 如果你观察到大多数小组都能遵守所有的指令，包括发言角色轮换和等待时间，那就没必要再次去打断他们。在进行监督的时候，告诉各小组他们"看起来做的不错"，并且告诉他们，在遵守"留下最后一句话"的指令的同时，也要让讨论持续进行下去。

第七章
转向小组模式
MOVING INTO SMALL GROUPS · 163

幻灯片14

➡ 给各小组几分钟的时间去回顾他们的讨论。

➡ 接下来，随机点名让一些小组成员来分享。

幻灯片15

➡ 给各小组一分钟的时间去列出他们使用过的一些技能。

➡ 让他们选出那个在改进讨论方面发挥了最大的作用的技能，然后向班级里的其他同学进行报告。

➡ 通常，各小组不会说完全相同的东西，这就是的这种分享非常有趣。

幻灯片16

➡ 最后以感谢彼此以及击掌庆祝结束！

课程 18. 传纸条

◎ 为什么使用它？

书面交流有可能使教室里的每一个孩子都参与进来。而等待是不需要的——也是不被允许的！当孩子们参与到传纸条的活动中来的时候，每个人都会从头忙到尾，要么就是在对指定的话题进行写作，要么就是在对它进行阅读。把这些与全班讨论相比较，你就会发现全班讨论往往是：少数几个喜欢取悦老师的学生积极主动地举手发言，而其他每个人则昏昏欲睡，大脑一片空白。我们常常抱怨孩子们缺少积极性，上课不专心，喜欢打瞌睡——但是，如果我们布置了能打破这种漠不关心的状态的课堂结构，那么每个人都会是赢家，而这个课程就值得长久保留下来。

◎ 什么时候使用它？

学生们可能在小组中进行的任何类型的大声讨论，也都能够以书面的形式展开。因此，传纸条活动的使用应该是日常的。尽管这个策略的幻灯片确实是本书中最长的幻灯片之一，并且需要认真的培训，但这并不意味着它是在学年结束的时

> 当孩子们参与到传纸条的活动中来的时候，每个人都会从头忙到尾，要么就是在对指定的话题进行写作，要么就是在对它进行阅读。

第七章
转向小组模式
MOVING INTO SMALL GROUPS

候才可以开始学习的课程。而关于书面交流的种种使用方法和变化形式,斯莫基和他的妻子,伊莱恩,已经写了一整本书。正如他们宣称的那样,这并不是一时的突发奇想,或者一时的消遣玩乐,又或者一次性的注意力转移。在我们工作的许多课堂中,老师们都在使用不同的写作方式,每周、每月甚至全年从头到尾都是如此。

◎ 准备

・尽管书面交流能够通过数字化的方式进行,比如使用平板电脑、笔记本电脑,或者像Edmodo(译者注:Edmodo是一个免费的师生互动平台,可以让学生和老师分享资源,进行安全的交流。通过该平台,老师可以实现与学生共享教学内容、管理课程项目与作业、处理通知事项、进行测验等。同一间"Edmodo教室"的学生成员可以通过该网站进行交流、参加测验、参与游戏、向老师提问等。)一样的网络空间,但我们仍喜欢首先用纸和铅笔来对孩子们进行培训。因此,在你开始你的第一次"传纸条"活动的时候,要确保准备好那些传统的书写用具。

◎ 课程

幻灯片1

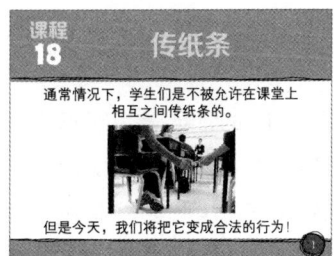

标题:传纸条

➡ 让学生们欣赏一下幻灯片中的照片。

➡ 如果合适的话,你可以让几位志愿者来简单地分享一下他们因为在课堂上传纸条而陷入麻烦的经历。

幻灯片2

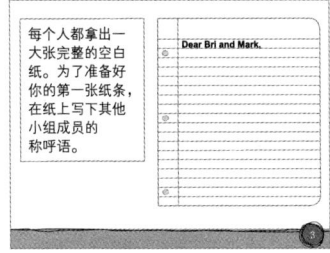

→ 阅读幻灯片；它向学生们解释了这个活动的要求。

→ 根据你班里的人数，组成3到5人的小组。对传纸条活动来说，3人小组是最理想的。

→ 注意：在学生们开始写纸条的时候，不管小组的人数是多少，一张纸条只能传3次。这就意味着，在4人或者5人小组里，并不是每个人都会写给其余的每一个人——但它仍然具有良好的效果。当孩子们转换到大声交谈模式的时候，每个人的声音又都能被每个人听到了。

幻灯片3

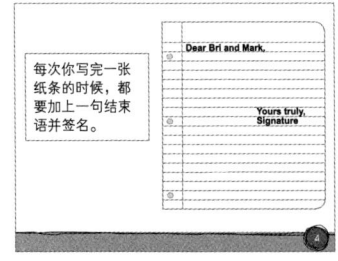

→ 称呼语可以使用名字，我们相信这样可以促进课堂中的友谊和互助。或者，你可以让学生们创造他们自己的称呼语来增加趣味性，比如："嗨，伙计们""亲爱的大伙儿""哈啰，同学们""你们好，地球人"等。

→ 需要一大张纸，因为孩子们有希望把这张纸的两面都写满，或者接近写满。

→ 如果你们使用的是便条卡片或者小碎纸片儿，那么在循环传递这些信件的时候，小组就会难以追踪多张纸张的情况。

幻灯片4

→ 每次写完或者回答完一封信的时候，学生们都要签上自己的名字。最好用真名或者可以证明是用一人的别名。我们最喜爱的结尾签字来自一个阿拉斯加州的小男孩：

这正是，

贾斯汀·亚当斯

第七章
转向小组模式
MOVING INTO SMALL GROUPS · 167

幻灯片5

> 你准备好试一下了吗？
> 下面是传纸条的规则：
>
> 1. 字迹要清晰，这样别的孩子才能阅读你的纸条。你可以用语言和图画说明你的想法。

➡ 字迹要清楚、易于辨认。

➡ 对书写不要有太大的压力；问题在于字迹的可辨认性，而不是手写或者草书。对某些孩子来说，即使是简单的写字也会变得非常困难。不要大惊小怪，如果某个孩子指着一个令人迷惑的单词和搭档低声说，"这是什么意思啊？"

➡ 告诉孩子们书面交谈并不计入成绩（除了积极参与或者有诚意的能力之外），而且拼写和语法也没有得分。这是只有一次草稿的、未经编辑的写作学习，没有时间进行修改和校对。

➡ 然而，为了防止孩子们偏离指定的话题，我们建议你一定要加一句，"我会把你们写的都收上来。"

➡ 一定要强调，把自己的想法画出来是一个加入传纸条活动的完全合理的方法。我们常说：

- 使用卡通画，图表，简笔画场景，时间线，或者地图，以及任何能帮助你把你的想法落在纸上的方法。记住，在使用图画的同时，你还可以使用标签，解说文字，谈话气球，或者想法气球来帮助你表达清楚你的想法。

➡ 我们发现，这种图画的方式在英语语言学习者，某些个别教育计划学生，具有更强视觉天赋的学生，以及写文章较慢的年轻人中间具有很强的吸引力。

幻灯片6

- ➡ 一开始，孩子们也许并不理解让他们连续不断地写到宣布暂停为止的做法。因此，我们会解释说：
  - ■ 你们仅需要写一分半钟的时间，但是我希望你们在整个一分半钟的时间内一直保持写的状态。只写一句"这样做很愚蠢"就把笔放下是很不公平的。在这整个一分半钟的时间里，每一秒你的笔都要保持在运动当中。怎么才能做到这样呢？你可以多写一些评论，或者与话题或你的搭档们所说的话相关的内容，也可以写问题，你甚至可以发起一次友好的辩论，如果你愿意的话——只要能保持书面交流继续进行下去。
- ➡ 在进行这个活动的时候，应保持安静，不要说话。如果有些孩子开始聊天，我们就会告诉他们，把你们说的都写下来！
- ➡ 人们在交换信件的时候会说上几句（这是正常的社交行为）几乎是不可避免的，但仍要再次鼓励他们把要说的话留到下一封信里。

幻灯片7

- ➡ 在这个地方，你可以自由地替换你自己的儿童友好型的、具有很大争论的话题或者文章节选。
- ➡ 思考时间非常重要，因此给学生们30秒到60秒的时间。

第七章
转向小组模式
MOVING INTO SMALL GROUPS · 169

幻灯片8

在一分钟之内,每个人都要给小组里的成员们写一封简短的信件。

你可以分享你对这段研究论述做出的反应,谈一下你自己的体会,提供你所知道的关于这个话题的所有信息,或者说明你的观点。

➡ 这会延长独立、安静思考的时间。

幻灯片9

马上,我们就要开始写我们的第一封信了。你将有一分半钟的时间来写完每一封信。因此,我们要写快点。

以防你们没有现成的可以写的东西,我将给你们投影一些可能会用到的"主干"来帮助你们开始。

➡ 注意,在我们下达开始写的命令之前,一定要认真仔细。

➡ 一旦他们开始了,书面交流就会带来巨大的积极社会压力。在90秒钟的时间内,每个孩子都要交给某个伙伴一张笔记,同时做好准备立刻回答从另一个同学那里传来的信件。因此,我们希望真正地确保每一个孩子在我们发出信号的时候都能做好准备。

幻灯片10

可能的开头主干:
· 我认为电脑游戏大多数都是积极的,因为……
· 我认为电脑游戏大多数都是消极的,因为……
· 当我打电脑游戏的时候……
· 人们对电脑游戏并不理解的是……
· 我能看到这个问题的两个方面,因为……

准备好给你的小组写一张纸条了吗?
开始吧!

➡ 这里还为那些起步较慢的孩子们准备了另一份支持。我们把这些叫作"安全开头",因为它们专门是用来帮助那些"就是想不起来任何东西去写"的孩子们的,即使这个话题是相关的而且(我们认为)有吸引力的。我们要小心对待下面的说明:

■ 这并不是一个列出了5件你必须写下的事情的清单。这些就是你可以开始写第一封信的不同方式,如果你头脑里还是没有任何别的东西的话。如果你已经想到了一个主意,那就继续按照这个主意进行下去吧。

幻灯片11

➡ 如果孩子们能高度参与其中,那就继续进行,让他们多写一两分钟。他们在下一封信中将会有更多的东西可以讨论。

➡ 等到写得较慢的学生们也至少在一页纸上写了几行的时候再让全班开始传递。

➡ 在还剩15秒钟的时候,我们轻声地读出这句警告,这样孩子们就可以完成他们正在思考的想法或句子。

幻灯片12

➡ 为了取得最好的结果(以及最少的混乱),告诉孩子们:"向右(或左)传递"。当学生们在小组中大体上是围成圆形或者围成方形就座的时候,这就是最简单的方法。

幻灯片13

➡ 这些指令提示孩子们,这就像收到一封真正的书信、电子邮件或者信息一样。你先阅读它,然后再回复它。

第七章
转向小组模式
MOVING INTO SMALL GROUPS · 171

幻灯片14

→ 这些指令在孩子们第一次进行传纸条活动的时候尤其有用,以后你就不必总是担心他们了。

幻灯片15

→ 我们把参考选项用幻灯片放映来帮助那些仍然需要提示的孩子。

幻灯片16

→ 又一个时间警告。有时候,在这个阶段我们会开玩笑似的让孩子们活动一下他们那可怜的、疲惫的手腕,在交换纸张之前。

幻灯片17

→ 学生们在这一轮将会需要更多一点的时间,因为它们有两封信要读(如果你继续到了附加的笔记,那就会更多了)。因此,一定要延长时间以便让学生们进行更多的阅读。

→ 如果你要在这个下一轮的活动之后结束信件交换,

你也许要加上下面一句话：

- 这是我们今天最后一封信了，因此如果你能找到一个方法来结束或使谈话首尾相接，那么就请去做吧。

幻灯片18

➡ 是的，我们又一次给那些仍然需要帮助的学生提供了参考回应选项。

幻灯片19

➡ 给他们最后一次"时间快到了"的警告。

幻灯片20

➡ 保持安静并给孩子们时间去完全地消化另外两个孩子所写的东西（或者是另外3个，或者更多）。

➡ 有时候，我们会说：

- 这张纸上有一段大约在10分钟前开始的交流。那么，现在看一下它，然后看看别人以你的观点为依据说了什么。

第七章
转向小组模式
MOVING INTO SMALL GROUPS · 173

幻灯片21

- ➡ 有些小组能够顺利无阻地从书面交流转换到口头交流。
- ➡ 而其他的小组则犹豫不决,不知道如何开始讨论。这一步能确保所有的小组在讨论"开始直播"的时候都会有具体的讨论话题。

幻灯片22

- ➡ 关于如何开始他们的有声交流,在这里我们给出学生们一个选择。
- ➡ 在你来回走动并监听各小组的时候,给他们大约三分钟的讨论时间。
- ➡ 如果你听到某个学生在小组里发表了一个有趣的评论,你可以在后面请那个学生把它插入到下一步即将到来的全班讨论中。

幻灯片23

- ➡ 这些提示语言都被故意设计成了概括性的。
- ➡ 如果学生们写下了一个范围更小或者更加以课程为基础的话题,那么你就可以提出更多有针对性的问题。

幻灯片24

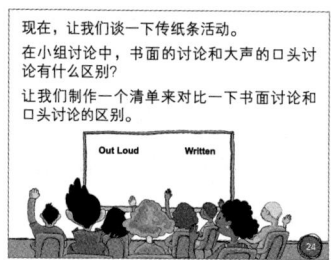

➡ 你不需要每次在学生们进行书面讨论的时候都使用这一步,但是在学生们学习这个策略的时候,偶尔使用一两次也是很重要的。

➡ 如果你按照我们在幻灯片中的建议制作一个这样的分为两栏的图标,书面交流的一些非常重要的特点—就像和大声的小组讨论相对比的那样——就应该是,比如:

- 没有人能主导交流;
- 每个人得到的时间都相同;
- 没有人能打断你;
- 书写可能会考虑得更加周全,而少了一些冲动;
- 没有分散注意力的其他谈话。

➡ 看一下你的学生们还能想到什么。

幻灯片25

➡ 永远的写作伙伴!

第七章
转向小组模式
MOVING INTO SMALL GROUPS

课程 19. 作品展览

◎ 为什么使用它？

正如课程中所解释的那样，画廊是人们欣赏艺术家和创作家的作品并与它们进行互动的地方。应用到课堂上，作品展览就成了我们最喜欢的"站起来思考"的活动之一。它能让孩子们积极地在教室里走动，同时谈论并思考其他学生关于某个课程话题的作品。不，在我们让他们离开自己的座位的时候，他们并不会失去控制，只要我们给他们制定了参观作品时的道德规范以及仔细的参观步骤——就像他们在真正的画廊里所做的那样。

◎ 什么时候使用它？

当孩子们创作出了大型的或者图画的作品，并且需要与许多同学或者全班进行分享的时候，它就成了我们的首选结构。

◎ 准备

- 复印一篇有意思的短文、故事或者诗歌，并分发给每一位同学。
- 准备好所有的材料：较大的海报纸（你也许需要去某个小学生班级找这种东

> **作品展览是我们最喜欢的"站起来思考"的活动之一。它能让孩子们积极地在教室里走动，同时谈论并思考其他学生关于某个课程话题的作品。**

西），彩色马克笔，胶带，若干沓便利贴。

·想一下在教室（或者走廊）的什么地方你能摆放一排排间隔合适的海报，以便各小组在其中自由地走动。

◎ 课程

幻灯片1

标题：作品展览

幻灯片2

➡ 这张幻灯片介绍了艺术画廊的文化和目的。你可以问一下学生们谁去过博物馆或者艺术画廊，然后让志愿者来描述一下这些博物馆或者画廊的目的。

幻灯片3

➡ 让学生们看一眼教室的墙壁。这些墙壁也许是空白的，也许被装饰满了各种各样的东西。

➡ 谈论一下要把这面墙变成画廊都需要做些什么。

➡ 对于把孩子们的绘画放在什么地方，你应该早就有了自己的主意；也许，某些装饰物品需要被暂时地取下来，搬走，或者盖起来。思考一下展示区域周围的参观路线和潜在的障碍。

第七章
转向小组模式
MOVING INTO SMALL GROUPS · 177

幻灯片4

➡ 三人小组是最合适这项活动的——让三个以上的孩子们在同一张纸上写写画画,不管这张纸有多大,一般情况下效果都不太好。

幻灯片5

➡ 在分发文章之前,教给学生们这种简单的文章注释工具(或者你偏好的其他快速注释方法),这样他们就不会在你下达指令之前就开始阅读了。

➡ 如果你的学生还不熟悉这种"暂停,思考,然后反应"的积极读者的习惯,那么就慢慢来,向他们示范如何在阅读的过程中留下自己的思考轨迹。

幻灯片6

➡ 给孩子们大约3分钟的时间(每人1分钟)来讨论一下他们对于这篇文章的最初反应。

➡ 鼓励他们参考自己的注释来重新开始讨论,如果讨论不能持续下去的话。

幻灯片7

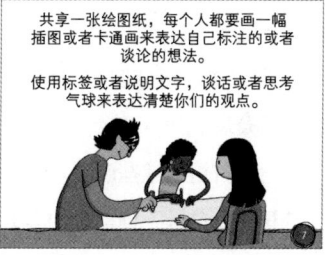

➡ 现在,是时候让孩子们进行"绘画创作"了,把他们关于这篇文章的想法转变成素描、卡通、图表、简笔画场景、模型、时间线或者其他的视觉表现形式。

➡ 在这个步骤完成之后,每个孩子独自完成绘图纸上自己负责的那块区域。给他们3分钟的时间,同时你四处走动并在必要时提供帮助,让孩子们不断地在纸上写写画画。

幻灯片8

→ 现在,让每个小组都把他们的图画悬挂在一个方便阅读的高度,并在相互之间留下足够的空间,以便各小组在它们中间集合并走动。

→ 自然,还需要准备好胶带、曲别针或者其他合适的挂钩等。

幻灯片9

→ 想好如何把各小组引导向第一张"别的孩子"的海报,他们将要这些海报进行研究并作出反馈的。

→ 这里可以简单点,比如"从在你们自己的海报右边的那一张开始",或者你也可以设置一些更加独特的循环方式。

→ 确保每个学生都带着便利贴和笔,这样他们就可以在同学海报的旁边留下自己的评论。也可以这样,你可以让学生"参观者们"直接在海报上空白的地方写下自己的评价。

幻灯片10

→ 向学生们说明,他们首先应该把海报上所写的大部分或者全部的文字都读一遍:
- 在你看海报的时候,尽力去注意你自己的反应、关联、问题、赞同以及疑惑。
- 接下来,和你的小组分心并讨论这些想法。
- 最后,每个人都要快速记下并留下你自己对其他

第七章
转向小组模式
MOVING INTO SMALL GROUPS · 179

小组的最宝贵的意见。不要忘记签上你的名字。
➡ 通过观察学生们的进展情况来给这个活动计时。对第一张海报来说,3分钟的时间通常就足够了,而在接下来的海报中,学生们将会需要更多的时间。

幻灯片11

➡ 现在越来越有趣了。当你让孩子们轮换到下一个小组的图画的时候,他们将不仅能看到原作者们的绘画,还能看到刚刚过去的那个小组所留下的书面评论。
➡ 这意味着你需要给他们更多的时间来消化那些多出来的材料、讨论,然后写下他们的个人评论。
➡ 如果你喜欢复杂的话,你可以让学生们多进行一两轮,这样每张海报上都会有更多的需要研究的东西。而在最基本的课程中,孩子们在看完两个其他小组的作品之后就可以返回自己的海报了。

幻灯片12

➡ 现在,孩子们回到了自己的海报前面,而海报上至少有6张贴纸需要阅读和讨论——在全班对这项活动进行汇报的时候,准备好去应对这些问题和反馈。

幻灯片13

➡ 在孩子们每人选择一张便利贴的时候，监督并协助。

幻灯片14

➡ 请来自不同小组的志愿者分享一个评论并说明它是如何加深他们对自己的图画或者那篇文章的思考的。

幻灯片15

➡ 快速地汇报这一过程，并分享以后更加高效地使用它的方式。

第八章 长期合作的讨论组

我们许多最有效的教学结构都要求孩子们进行小组合作，但他们合作的时间不仅仅是几分钟或者一节课，而是连续几天甚至几个星期。这种时间延长的合作是下面的这些教学结构所需要的：

- 文学圈
- 读书俱乐部
- 小组调研项目
- 研究小组
- 专题研习

通过预先解决可能会困扰新形成的小组的所有问题，这一大类的课程为这些活动打下了基础：

- 专注于任务
- 让每个人都参与进来
- 营造互助氛围
- 有目的地反思和提高

这一大类包含了五个课程，每个课程都有一个一目了然的标题：

课程20. 制定小组基本规则

课程21. 克服开小差的诱因

课程22. 小组进步目标

课程23. 用桌牌来加强合作

课程24. 赞美卡片

第八章
长期合作的讨论组
ONGOING DISCUSSION GROUPS

课程 20. 制定小组基本规则

◎ 为什么使用它？

孩子们对小组合作产生抱怨的原因之一就是对小组成绩的担忧以及劳工分工的不均等。有的小组成员有备而来，他们为小组合作做了充分的准备；还有的人是来搭顺风车的，他们只想着借助其他每一个的努力而自己却不想出任何一点力气。虽然承认这一现实是很重要的，但是团队合作是无法改变的现实，因此想出如何去解决这个问题比幻想着你能够一辈子孤军奋战来得更加实际，向学生们指出这一点也是很重要的。即使某个孩子明确地说他以后想要当一名独自一人搞研究的研究科学家，但你的大多数学生还是打算在以后结婚生子并养家糊口的，因此，每个人最后都会有机会来协商一些基本规则。

◎ 什么时候使用它？

如果小组成员们将要在一起合作一段时间并且他们的合作计划将依赖于完成课外工作（这对文学圈以及许多小组计划来说都是非常典型的），那么当务之急就是让每个人都对小组负起责任。而建立起那种责任感的最佳方法就是制定小组基本规则。在我们组成长期的合作小组的过程中，我们总是会以一个友好的成员资格表格

> 如果小组成员们将要在一起合作一段时间，那么当务之急就是让每个人都对小组负起责任。

讨论作为开始，然后直接让各小组制定自己的一套规则。只有这样，小组里的每个人从一开始就了解了所有成员的期望。

◎ 准备

- 提前决定学生们组成3到5人长期合作小组的形式。
- 确定小组成员如何记录他们小组的基本规则：在你下发的纸上，在他们崭新的平板电脑上或者在活页纸上等。

◎ 课程

幻灯片1

标题：制定小组基本规则

幻灯片2

➡ 提问：你曾经在一个本可以做得更好的小组里工作过吗？

第八章
长期合作的讨论组
ONGOING DISCUSSION GROUPS · 185

幻灯片3

- ➡ 让学生们思考一分钟：什么样的行为会使小组合作难以进行？
- ➡ 分享他们遇到的问题，当然，不要点任何人的名字。
- ➡ 一般来说，学生们会提到以前小组成员的一些缺点和不足：
    - 未做准备；
    - 不发言；
    - 让别人干活；
    - 无视集体；
    - 在教室里四处游荡；
    - 把分散注意力的/不相关的/不适宜的东西带到会面中来；
    - 睡觉；
    - 垄断谈话；
    - 拒绝听取他人的观点；
    - 用贬低性的语言来批评他人的观点。
- ➡ 你不需要把这些写下来（没必要纠结于人生中过去的不如意上）。只需要听志愿者们所说的就行了。

幻灯片4

- ➡ 对学生们说：
    - 让我们搞清楚一个小组如何才能避免这些问题。

幻灯片5

在与你的小组合作的时候，你希望每个人都坚守的基本规则有哪些？

➡ 让学生们思考一分钟然后详细阐述：
- 你希望你所在小组的成员们有什么样的表现，安静地思考一分钟这个问题。
- 什么样的行为能让小组合作顺利而不是遭遇失败？
- 每个成员需要做什么才能均等地分享工作并使你们的合作有趣且高效？

幻灯片6

和你的小组一起，讨论出对和谐相处以及顺利完成工作来说最重要的五条规则。

➡ 让学生们与他们的小组会合来讨论他们的基本规则清单。

➡ 如果某个小组的成员问他们列出的规则少于五个是否可以，那就告诉他们没问题。如果他们想要列出五个以上的规则，那就告诉他们选出其中最重要的五个，然后看一下小组会谈进行的如何。

➡ 在这之后，他们还可以随时替换一个规则或者增加一个新的规则；但是，在一开始的时候，较少的规则会使工作轻松一些。

幻灯片7

让我们听一下各个小组的规则。

➡ 当各小组在作报告的时候，提醒其他的小组仔细倾听。

➡ 学生们会觉得有趣的是，各个小组的规则都大同小异，而且几乎每一个小组都至少会有一条能反映出它的个性的规则。

➡ 在大群体共享之后，让学生们回到各自的小群体中，给他们一分钟的时间去确认或修改自己的规则。在听完别的小组的规则之后，他们现在也许会意识到他们需要替换其中的某个规则。

第八章
长期合作的讨论组

→ 各小组通常都会一致认可的规则有哪些呢?
- 有备而来并随时准备工作;
- 听取彼此的观点;
- 专心于任务;
- 提出好的开放式问题;
- 在预定的日期之前做完所有的阅读和笔记;
- 直呼彼此的名字;
- 让每个人都参与讨论;
- 使自己的小组成为主场;
- 友好待人;
- 尊重他人。

幻灯片8

→ 对学生们说下面的话:
- 为了保持你们的小组顺利前进,小组成员们应该在每次讨论之前都回顾一下这些规则,以便让所有成员都能积极地做出贡献!

幻灯片9

→ 告诉学生们:
- 不要忘了:你们制定了这些规则,目的是小组中的每个人都会尽最大努力做到最好,而不是把某个小组成员逼疯。
- 你们小组的目的就是避免你之前描述的那些负面的经历再次发生。
- 如果你们的小组遇到了某些问题,不要第一个就跑来找我寻找解决方案。而在小组内部寻找答

案，或许可以重新商定你们的基本规则以便让它们发挥更好的作用。你们的基本规则是灵活的，可以在必要的时候进行修改。

幻灯片10

➡ 如果小组在进行学术合作的同一天制定了他们的基本规则，那么就让他们在合作结束之后返回到这些规则上来，然后以每个成员都特别能遵守的一条规则为依据来对彼此进行表扬。很有可能的是，小组成员们很难选出一条这样的规则，因为基本规则都会指导小组成员们表现出最为文明的举止！

➡ 以小组成员们互相感谢结束。感谢彼此的认真倾听以及在制定基本规则的时候进行的认真思考。最后以"竖大拇指"结束。

变化形式

➡ 如果你担心基本规则并不足以使各小组保持在正轨上，你或许还可以让他们为那些变成了小组负担的人制定一个"责任保险政策"。现在，不用你亲自来把那个不作为的学生从某个小组踢出去了，让学生们自己来决定最终的结果。在处理拖后腿成员的问题时，你会惊讶于各个小组的冷酷无情。

➡ 虽然大多数小组都决定不驱逐某个初犯的成员，但是他们仍然决定限制该成员的活动。比如：

■ 如果你没有准备或者你分散了大家的注意力，我们会在你保持安静的情况下让你继续待在小组中。

■ 再犯错误的时候，该成员就会被移出小组去补上

第八章
长期合作的讨论组
ONGOING DISCUSSION GROUPS

落下的内容并为下次会面做准备。
- 第三次违反一般会导致小组、犯规的成员以及老师的三方介入。

➡ 有时候，各小组希望出问题的成员被单独拎出来，并让他们当众受罚：头上戴着傻瓜帽或者戴着一个写着"我是笨蛋"的牌子。当然，我们总是会禁止这些想法，但是我们仍然禁不住想知道是什么样的过去经历才给了他们那样的想法。

课程 21. 克服开小差的诱因

◎ 为什么使用它?

尽管在最开始的时候就制定好了一套基本规则,但是任何一个小组仍然迟早都会偏离主题。(这种情况出现在了孩子们身上,而正在开教职工会议的老师们也一定不会例外。)有的时候,这种跑题始于某个学生与内容材料的个人联系,但在不知不觉间,关注的焦点就脱离了正轨,然后每个人都开始讲述他们在校外考察旅行的时候所发生的故事。在某种程度上,这些离题的现象实际上能促进小组的团结:孩子们都在参与即兴的成员资格表格类型的分享活动。然而,当脱离任务的谈话主导了小组的时间的时候,小组成员们就不能完成他们当前的学术任务了。

一个与此相关的偏离主题的情况就是小组又分成了更小的次级小组。比如,在一个三人小组中,其中两个孩子谈得热火朝天,却把第三个孩子落下了。在一个四人小组钟,小组成员们分成了两对,每一对都有自己的话题并无视另一对的存在。对此,不要放弃,也不要叹气说,"我就知道小组合作永远都行不通",而是把你观察到的情况描述给孩子们,然后把这个问题返回给他们去解决。

◎ 什么时候使用它?

本课程可以用在全班教学中,如果所有的小组看起来都偏离了任务的话,或者它也可以被用于一个小组作为一种辅导干预。虽然我们通常确实会面向全班示范这种解决问题的步骤,但你也可以简单地和那个出现问题的小组一起坐下来,然后带领它学完本课程,(带上你的笔记本电脑使用幻灯片!)而其他小组仍向往常一样继续高效进行。

第八章
长期合作的讨论组
ONGOING DISCUSSION GROUPS · 191

> 本课程可以用在全班教学中，如果所有的小组看起来都偏离了任务的话，或者它也可以被用于一个小组作为一种辅导干预。

◎ 准备

- 提前决定三到五人的长期合作小组的组成方式。
- 每个成员需要一张空白纸来制作幻灯片2中所展示的开小差行为表。

◎ 课程

幻灯片1

标题：克服开小差的诱因

➡ 开始的时候，向学生们描述几个在小组合作的时候你观察到的开小差行为。

➡ 对学生们说下面的一些话：

- 一方面，偶尔开小差的行为有时候确实能帮助小组变得更加有趣以及更加团结。但从另外一方面来说，把大量的时间用在偏离任务的活动上会给小组带来损害。它会使小组成员们感到沮丧，还会妨碍小组顺利完成工作。

幻灯片2

- 将一张纸对折成三栏。
- 将第一栏标注上"开小差行为"然后与你的小组开始头脑风暴。

开小差行为		

➡ 分发空白纸张并向学生们演示如何把它折成三栏。

➡ 在第一栏标注上"开小差行为"。

➡ 对学生们说下面的话：

- 我前面已经提到过我看到的一些开小差的行为。你们小组正在与之斗争的开小差行为是什么？
- 花一两分钟的时间和你的小组进行交谈并回忆一下你们最近会面的情况。
- 快速写下那些妨碍你专注于话题以及阻碍你顺利完成工作的行为。
- 我认为你们能够完全独立地想出一个清单，但是如果你们有困难的话，我绝对可以帮助你们开始列那份清单。

幻灯片3

- 现在搞清楚每一个开小差行为的诱因是什么。
- 把诱因写在第二栏里。

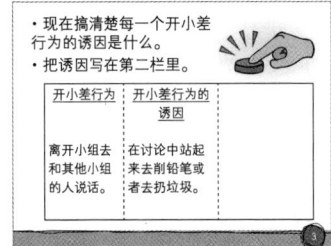

开小差行为	开小差行为的诱因
离开小组去和其他小组的人说话。	在讨论中站起来去削铅笔或者去扔垃圾。

➡ 解释说明开小差的行为并不是自己发生的，而是有些东西引发了这种行为。

➡ 让学生们回顾一下他们在第一栏中列出的那些行为并讨论是什么触发了它们，然后把这些诱因列在第二栏中。给他们三到五分钟的时间。

➡ 这里还有一些学生们可能会列出来额外的例子。

➡ 当然，第一栏里列出的行为也许还有许多其他的诱因，而这些更多的诱因并没有在这里列出来。这就是让孩子们确切地搞清楚是什么触发了这些行为是如此重要的原因了。

第八章
长期合作的讨论组
ONGOING DISCUSSION GROUPS

开小差行为	开小差行为的诱因	解决方法
- 和附近小组的人说话。 - 说一些和书本完全无关的东西。 - 在铅笔上旋转纸张。 - 小组又分裂成了更小的次级小组，各次级小组的成员无视彼此。	- 和朋友们进行眼神接触而不是集中注意力在小组上。 - 想到了一个和文章的私人联系。 - 感到无聊，被忽视。 - 有些成员没有准备好。 - 不熟悉所有的成员，因此只和朋友说话。 - 有些成员不说话，因此我们最终只能略过他们，无视他们——放弃他们。	

幻灯片4

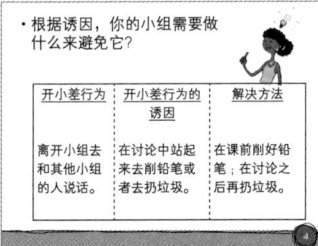

➡ 让学生们讨论如何去辨别并避免他们发现的那些诱因。并将解决方法写在最后一栏。

➡ 在小组进行的时候，监督他们的进度。如果某个小组进展艰难，就说：

■ 看起来你们被难住了。想要我给你们几个建议吗？

➡ 90%的情况下，上面那句话都会把这个精力不集中的小组拉回到正轨上来，因为小组成员们宁愿独立解决这个问题，也不愿意让你告诉他们去怎么做！

➡ 一旦小组完成了他们的表格，花一些时间让每个小组对诱因和解决方法进行汇报。提醒孩子们没必要提及任何人的名字。在每个小组都汇报之后，说：

■ 既然你们都已经汇报完了，那就最后再看一下你们的图表。

■ 在你们从别的小组听来的东西中，有什么能添加到你们自己的计划中以使它变得更加稳固的吗？

■ 花一些时间去回顾它并补充解决方案。

幻灯片5

→ 理想的情况是，在你们刚把这个课程学完之后，学生们马上就要进行一次讨论，这样他们就能立刻试验一下他们的开小差诱因计划了。
→ 在小组讨论之后，让学生们再次回顾他们的表格，来看一下他们做的怎么样。
→ 随后，在每次讨论开始的时候各小组应该坚持回顾他们的图表，以及他们前面的基本规则。

幻灯片6

→ 在我们的互动中所取得的任何进步都是值得庆祝的理由！

第八章
长期合作的讨论组
ONGOING DISCUSSION GROUPS

课程 22. 小组进步目标

◎ **为什么使用它?**

即使在一个小组运转良好的时候，也能进行细微的改善。小组成员们需要自始至终地对自己的小组为什么能运转良好保持清醒的认识，并牢记一个出色的小组并不是偶然产生的。一个小组能高效运转并不仅仅是因为"化学反应"，还因为小组成员们正在使用的技能和行为。而且每个小组都能够不断地变得更好，因此小组成员们需要讨论一下他们能做什么来"提升一个档次"。但是这里的首要问题是：提高一个小组的合作能力并不仅仅意味着令人愉悦舒适的会面。不断进步的小组还能学到更多的知识并在学术上变得更加灵敏——而这就包括了提高考试成绩。

◎ **什么时候使用它?**

正如我们的许多课程所展示的那样，在每次小组会面结束的时候进行回顾并反思自己的行为方式会给小组成员们带来极大的好处。在新组成的小组刚开始的会面中，我们喜欢只去关注那些反映了他们熟练的社会交往能力的积极表现。在后续的会面中，小组不仅会继续记录他们熟练的贡献，而且还会开始分析他们的合作并思考什么行为或合作技能或许能在下一次会面中有所进步。

> 不断进步的小组还能学到更多的知识并在学术上变得更加灵敏——而这就包括了提高考试成绩。

◎ 准备

- 本课程假设学生们已经开始在三到五人的长期小组中开展合作了。
- 在某些小组合作活动之后,准备好立刻开始本课程。
- 确定学生们记录各自小组的目标设定笔记的形式。

◎ 课程

幻灯片1

标题:小组进步目标

幻灯片2

➡ 开始的时候说,小组总是能不断地改进自己的表现,但是在你对小组成员们今天的合作进行监督的时候,你注意到了许多积极的行为。

第八章
长期合作的讨论组
ONGOING DISCUSSION GROUPS · 197

幻灯片3

哪些行为帮助你们的小组完成了任务并使你们友好相处？

列出三种。

→ 对学生们说下面的话：
- 我将给你们的小组一到两分钟的时间来写下小组取得的三个成就。准备开始的时候，可以考虑一下下面的问题：

  今天，哪些行为给你们小组顺利完成任务带来了真正的帮助？
- 是什么使每个人都积极参与并享受彼此的陪伴？
- 当你在思考你的小组使用的技能的时候，努力尽可能具体地去想。不是简单地说"我们合作了"，而是说：

  "我们保持专注于彼此。"

  "我们进行了很好的眼神接触。"

  "我们提出了很多开放式的后续问题。"

  "我们记住了感谢彼此。"
- 今天，我观察了你们的合作。没有发生打架或擅自离开教室的现象，因此，我知道每一个小组都能为各自的清单想出至少三个行为，而且，如果你们想到了更多的行为，一定要把他们写下来！

→ 给各小组两到三分钟的时间来写下他们的三个成就。

→ 在进行监督的时候，让他们读一下自己所写的东西。如果有小组写的是"我们参与了"，或者"我们合作了"，又或者是"我们听了"之类的话，那么通过问他们这些话的真正含义是什么来督促他们更深入一些：
- 在小组进行合作的时候，他们可以使用数以百计不同的技能。你们做了哪三件事能表明你们进行了真正的合作？

- 开始讨论一下你们使用的那些具体的技能，然后在一两分钟之后，我会再回来检查你们想到了什么。

→ 如果学生们在给他们的互动技能加上具体标签方面仍然看起来有困难，那就让他们回顾自己在"主场"、"友谊和支持"以及"好搭档的特征"等课程中所做的笔记。合作看起来是什么样子的？听起来又是什么样子的？

幻灯片4

→ 一旦各小组完成了他们的清单，就让每个小组来和全班分享一件具体的成绩。

→ 如果可能的话，鼓励后续的小组去说一件不同种类的成绩。

→ 让每个人都听到这些很重要，因为：
- 它巩固了能使合作取得成功的所有不同的技能。
- 听别的小组所说的话能帮助各小组确认那些他们使用过却没有记下来的技能。
- 各小组将会听到那些他们也许需要继续练习的技能。

幻灯片5

→ 技能成就的反面就是技能仍需要改进。

第八章
长期合作的讨论组
ONGOING DISCUSSION GROUPS · 199

幻灯片6

➡ 放映并大声读出幻灯片。

➡ 然后说：
- 每个人都安静地对此思考一分钟。
- 那个能真正改进你们小组下一次会面的事情是什么？

➡ 随着各小组变得越来越有经验，他们将会变得越来越擅长查找弱点，但是在开始的时候孩子们或许会有一点小麻烦。如果是这样的话，那么就通过描述你所观察到的情况而不具体指出哪些小组的方式来引入这张幻灯片。

- 如果你难以决定去做什么样的改进，那么，这里有一些我注意到的弱点：

  小组讨论没有反映文章内容。

  有些小组分裂成了更多的次级小组。

  某个成员持续不停地提出讨论话题而不是轮流进行。

  小组成员们忘记了使用"留下最后一句话给我"。

  有些成员发言的时间远远对于其他人。

➡ 转向你的小组，分享你的想法，然后与那个你认为能带来最大改变的目标达成一致。

幻灯片7

➡ 解释说明，仅仅挑出一个弱点是不足以改变一个小组的运行方式的。

➡ 告诉小组成员们，他们还需要搞明白，为了提高那个较弱的技能他们需要做出什么确切的改变。

➡ 提醒学生们，在描述达到目标所需的必要行为的时候要做到更具体些。

➡ 提醒他们我们所做的关于友谊和支持的图表。那些海报或许正在你们的墙壁上挂着呢。

➡ 告诉各小组，在努力达到新目标的时候，他们应该坚持头脑风暴那些他们将会用到的实用短语。比如，如果一个小组总是忘记使用"留下最后一句话给我"，那么它或许可以头脑风暴下面的短语：
- "你提出了问题，现在你需要听我们的答案了。"
- "不要忘记，你是最后一个说自己的观点的。"
- "在进行回答之前，让我们一起数到五。"
- "上次我是第一个回答的，这次谁第一个？"
- "让上次最后一个回答的人这次第一个说。"

幻灯片8

➡ 一旦各小组制订好了各自的计划，就让每个小组来和其余的同学们快速地分享一个他们的进步目标。

➡ 鼓励后续的小组说出不一样类型的目标，如果可能的话。

➡ 了解了所有的小组都能找到进步的方法会帮助学生们用一个更加深入思考并反省自己的方式来看待自己的互动。

幻灯片9

➡ 没有什么能像一个真诚的感谢那样能抚平粗糙的棱角并使会面的最后时刻得到升华。当你在学校工作的时候，在一天之内你能受到多少次感谢？或许并不足够——对孩子们来说也是如此。尽管它有点刻意，但被人感谢的感觉仍然是非常棒的！

第八章
长期合作的讨论组
ONGOING DISCUSSION GROUPS

在学生们下次小组会面开始的时候：

幻灯片6和7

➡ 再次放映幻灯片6和幻灯片7。让小组成员们回顾一下他们在上一次会面的进步目标，以及伴随的行为。对每个小组来说，以一种公开承诺的方式向全班其余的同学重复它的目标并不是一件坏事。

在小组会面之后：

幻灯片10

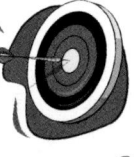

➡ 放映幻灯片10。
➡ 让各小组再次回顾自己的目标然后谈一下进展情况。
　■ 你使用计划中的行为了吗？
➡ 在小组讨论的时候，监督并检查。
➡ 如果学生们说他们达到了目标，但你看到的情况却是相反的，那就说：
　■ 你们怎么确定自己达到了目标呢？
　■ 依据是什么？
　■ 继续回忆一下每个人所做说的和所做的能体现出那个技能的事情。
　■ 如果你的小组已经达到了目标，那么每个人都能熟练地使用那个技能了吗？
　■ 我会在一两分钟之后再回来检查你们的情况，看你们能想出来什么东西。
➡ 在你返回检查的时候，这个小组或许已经明白了小组成员们需要持续不断地向同一个目标前进。如果没有的话，那就继续和他们分享你观察的情况。
➡ 结束的时候说：
　■ 我认为你们或许应该持续不断地致力于这个目标。

- 然而，如果你们小组认为你们确实已经实现了它，那么你们新的进步目标是什么？
- 想出新的进步目标，然后头脑风暴出一系列将会帮助你实现它的伴随行为。

➡ 对那些确实成功地实现了他们目标的小组：
- 指示他们检查自己的运作情况并设定一个新目标。
- 如果某个小组难以想出一个新目标，那么就向他们推荐一个需要相当长时间才能掌握的有用的技能，比如：
  记住要真正地去说友谊和支持的语句。
  在人们分享观点的时候，持续不停地提出后续问题。

幻灯片11

➡ 小组技能进步是一件很难的事情，值得进行庆祝！

附加说明

小组会面步骤检查表将会帮助各小组记住他们在讨论开始和结束时的责任。

第八章
长期合作的讨论组

课程 23. 用桌牌来加强合作

◎ 为什么使用它？

即使学生们能够学会如何去分析他们小组的互动模式并设定进步目标，但他们仍然需要进行许多练习来把一项新的讨论技能融合进自己的行为中。而且，尝试使用一项新技能可能会感到不那么得心应手，因此，人们的本性就是返回到自己熟悉的老方法上去。然而，老的方法并不会完善小组的合作，但使用并提高社交互动技能却能做到这一点。通过把每个学生都变成专家，桌牌这一合作技能能促进学生们更加始终如一地去使用必要的技能。

◎ 什么时候使用它？

本课程最好在长期合作小组进行了数次会面之后在使用。这个时候，小组成员们开始相互认识并能认识到自己小组的强项和弱点。这种认识能使成员们选择那些最为需要的技能来强加他们的小组。

◎ 准备

- 在已经进行过合作的三到五人小组展开本课程。

> 通过把每个学生都变成专家，桌牌这一合作技能能促进学生们更加始终如一地去使用必要的技能。

·决定学生们记录他们小组的技能笔记的方式：在你发给他们的纸上，或者在活页纸上，又或者在平板电脑上。

·给学生们提供大的、8英寸×5英寸的索引卡（8.5英寸×11英寸的卡片纸会更好）以及带橡皮的铅笔。每个学生都要有一张卡片。

·给学生们提供各式各样的马克笔、蜡笔或者彩色铅笔，以便他们就能制作吸引眼球的桌牌。

◎ 课程

幻灯片1

标题：用桌牌来加强合作

幻灯片2

➡ 对到目前为止学生们所进行的顺利合作进行表扬。

➡ 向学生们说明，提高和完善他们讨论技能的机会总是有的。

第八章
长期合作的讨论组
ONGOING DISCUSSION GROUPS · 205

幻灯片3

➡ 放映并大声读出幻灯片。让学生们准备好他们的纸张。

幻灯片4

➡ 解释说明有两套能改进讨论的技能：
  ■ 让讨论变得好玩的技能。
  ■ 让讨论变得有趣的技能。

➡ 一个真正熟练的小组会对两者都进行运用。继续然后给出几个例子：

好玩的	有趣的
• 支持和友谊 • 使用成员的名字 • 表扬提出的观点	• 挑选好的段落或话题 • 提出开放式的问题 • 建立相关联的人际关系

➡ 一旦各小组明白了，就挑战他们去头脑风暴出更多的可以被归到这两个类别中来的具体技能。

➡ 我们喜欢设置一个最少的数量限制。比如：五个不能与前面的例子重复的新技能。

➡ 在学生们集思广益的时候，监督并警惕那些模棱两可的描述：合作、一起工作、倾听等。

➡ 干预并指导小组去把那些概括的行为分解成可以观察的到的，合作所需的次级技能。比如：
  ■ 合作看起来是什么样的？听起来又是什么样的？

幻灯片5

→ 制作一个班级清单，就像我们在前面的课程中做过的那样（主场、好搭档的特征）。

→ 指定一个学生速记员，这样在需要的时候，你就可以自由地去管理班级了。

→ 在班级清单展开的时候，使用幻灯片或者在黑板上展示它。

→ 让每一个人把新的条目添加到他们自己小组的清单中去。

幻灯片6

→ 让各小组重新集合，然后选出那些对他们自己的小组最有好处的技能。

→ 让各小组按照小组成员的数量挑选出相同数量的技能。换句话说，如果小组中有四个成员，那么该小组就需要挑选出四个技能，三个成员就挑三个技能，以此类推。

→ 鼓励各小组在好玩的技能和有趣的技能之间进行平衡的选择。如果没有这条指令，那么孩子们的选择不出乎意料地就会严重地朝着好玩的技能倾斜，有时候还会完全忽视有趣的技能。

→ 如果你注意到有的小组做出了不平衡的选择，那就对他们进行询问。某个小组选择的全都是好玩的技能，或许是因为小组成员之间一直不能很好地相处。如果你也注意到了这一点，不要去和他们争辩。他们选择去专注于使用名字，保持每个人都参与其中，以及友好相处并相互支持可能就是正确的做法。

第八章
长期合作的讨论组
ONGOING DISCUSSION GROUPS · 207

幻灯片7

- ➜ 让各小组讨论一下每个技能分别由谁来负责。
- ➜ 我们鼓励小组成员们去选择那些他们仍然有点薄弱的技能，因为要擅长一个技能的唯一方法就是去对它进行大量的练习。变成那个技能的专家将会帮助他们成长为更加强大的小组成员。

幻灯片8

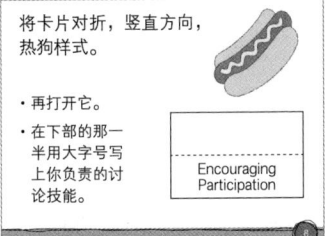

- ➜ 分发索引卡。
- ➜ 指导学生们将卡片对折好并把他们负责的技能写在用大字号写在卡片的正面，让每个人都能轻松地看清楚。
- ➜ 让每个人先用铅笔打草稿，这样出现错误了还可以改正。
- ➜ 提前制作好你自己的卡片，给学生们一个例子总是会有帮助的。
- ➜ 在教室里来回走动并把你的例子展示给学生们，或者用幻灯片放映。

幻灯片9

- ➜ 确保学生们明白他们能够读到卡片的背面，而他们的小组成员们能够读到卡片的正面。
- ➜ 强调一下用大字号书写以及字迹清晰工整的重要性。
- ➜ 明确地在幻灯片中指出，当把卡片打开放平的时候，卡片正面的字是倒着的。
- ➜ 当学生们在卡片背面书写他们将会使用的语句的时候，提醒他们说，他们正在书写的语句都可以归到讨论技能T型图表"听起来像"的那一边。他们在

前面的课程中制作过这个图表。

➡ 技能专家们没必要独自一人完成自己的卡片。鼓励各小组集思广益，想出可供彼此使用的语句并写在各自的卡片上。一起讨论不同的技能是一件好事！

幻灯片10

➡ 在学生们对技能进行思考的时候，也向他们展示这个例子。鼓励学生们把他们的卡片面向众人的那一面制作的更加引人注目一些，而背面就充当他们的笔记。

幻灯片11

➡ 一旦学生们按照正确的样式做好了自己的卡片，并校对了他们的书写，给他们提供马克笔、蜡笔以及彩色铅笔。

➡ 鼓励小组成员们思考一下他们的技能以及怎样才能把它用图画的方式呈现出来。卡片正面的设计应该充当向小组其他成员提醒该技能的醒目提示物。

➡ 告诉学生们他们有多少时间来完成自己的卡片。在监督的时候，督促做得慢的学生加快速度，并让做得快的学生给他们的卡片正面添加更多的色彩以及视觉吸引力。

第八章
长期合作的讨论组

幻灯片12

- ➡ 在时间到的时候，让小组成员们向各自的小组展示自己的卡片。
- ➡ 按照顺序，让所有的成员展示他们的卡片并读出背面的文字。
- ➡ 作为回报，其余的小组成员要发出惊叹声并找出具体的细节和语句进行表扬。
- ➡ 如果时间允许的话，进行一次快速的"作品展览"活动。让学生们以小组为单位到别的小组欣赏他们制作的桌牌，同时也让他们从中得到一些其他技能的使用灵感。

幻灯片13

- ➡ 从这一刻开始，每当他们会面并进行小组讨论的时候，学生们都要展示他们的桌牌。
- ➡ 你可以让学生们自己保存他们的桌牌（如果你非常确定他们每天都会把桌牌再带回教室的话）或者将它们集中收集起来。
- ➡ 如果你要把桌牌都收上来的话，就让学生们在卡片的内侧写上自己的名字并让每个小组把自己的桌牌都套在一起。这样，在下次小组会面的时候，你就可以快速地把桌牌重新分发下去了。

幻灯片14

- ➡ 在检查问了你们小组的技能启发桌牌之后，不要忘了感谢彼此的创造性和独创工作！

课程 24. 赞美卡片

◎ 为什么使用它?

我们非常喜欢赞美卡片,因为它们把如此多的东西都集中在了一起。正如你将看到的那样,在学生们写赞美卡片的时候,他们需要回顾每个人对小组做出的贡献。另外,小组成员们还得写一段简短的话来表示他们一直在关注着并且非常感谢那些贡献。就把这些卡片看成是某种形式的感谢信吧。你更喜欢下面的哪一种?

模板A

谢谢你的礼物。

爱你的,斯图亚特

模板B

谢谢你还记着我的生日。你送给我的那件红绿相间的、绣着一棵圣诞树的开襟羊毛衫简直太完美了。能在12月份期末考试之前穿着它去学校简直太棒了!

爱你的,斯图亚特

尽管你没有把圣诞毛衣当作生日礼物送给别人的习惯(你可以说礼物转赠),斯图亚特的第二张便条写出了它的特征并表达了自己的感激之情,这就是我们想要学生们在他们的赞美卡片上表达出来的东西。

赞美卡片还有其他的作用,它们赞美了人们做出的贡献,增强了珍视感恩的班级氛围。赞美卡片给每一位小组成员带来了可以看得见摸得着的积极反馈。这种积极反馈又巩固了学生们的行为和技能并使他们继续把这些行为和技能带到下一个小组。最后,赞美卡片还可以作为小组成员们某个经历的纪念品。它是值得你去保存的东西。你可以把它收藏在抽屉里,多年以后你也许会偶然把它翻出来,

第八章
长期合作的讨论组
ONGOING DISCUSSION GROUPS · 211

> 赞美卡片给每一位小组成员带来了可以看得见摸得着的积极反馈。这种积极反馈又巩固了学生们的行为和技能并使他们继续把这些行为和技能带到下一个小组。

这时,它就会带给你一种别样的喜悦。

◎ 什么时候使用它?

我们选择在各小组合作了一段时间之后或者在某个小组将要完成一个循环并面临解散的时候开始这一课程。

◎ 准备

- 本课程假定学生们已经在三到五人的长期小组开展合作了。
- 每个学生都需要一张8英寸×5英寸的索引卡片。

◎ 课程

幻灯片1

标题:赞美卡片

幻灯片2

➡ 放映并大声读出幻灯片。

幻灯片3

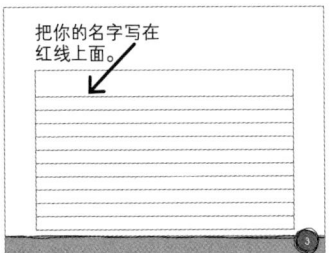

➡ 分发卡片然后监督以确保每个人都把名字写在了卡片的上方。

➡ 提前确定是使用姓氏还是使用全名。

幻灯片4

➡ 说出下面的话：
  - 现在把你的卡片传给你左边的小组成员，你们要围成一个圆圈进行传递。看一下卡片上的名字，然后想一下这个成员对小组所做的所有具体的贡献。

幻灯片5

➡ 放映并大声读出指令。

➡ 详细阐释：
  - 这是你写下赞美的语言来向那个付出了努力的人表达感谢的机会。
  - 使你的赞美尽可能的具体一些。

第八章
长期合作的讨论组
ONGOING DISCUSSION GROUPS · 213

- 表现出你确实仔细听了那位伙伴的观点，并且注意到了那些给小组带来真正帮助的行为。
- 你的赞美可以提及他在任何一次小组会面的时候所做的事情。

幻灯片6

➡ 放映幻灯片并大声读出指令。
➡ 详细阐释：
- 要保证你的赞美是积极的，并能让赞美的接受者感觉良好。
- 这不是开玩笑的时候，也不要冒险因为你可能无意中就会伤害别人的感情。
- 记住这里是主场。

➡ 通常来说，如果小组成员们已经在一起合作了一段时间，他们就不太可能会写一些冷酷无情的话语。然而，这些学生仍然还是吞世代或者青少年。（注：吞世代即tweens，是指8岁至14岁具有消费能力的少年。这个词由teens和ween组成，前者指青少年，后者的原意为weenbopper，形容穿着时髦，迷恋音乐的小孩。）无需多言。如果你没有100%的自信觉得他们会友善待人，那么就告诉全班：

- 这是我最爱的写作任务之一，因此，在你们写完并读完之后，我会把你们的卡片都收上来，这样我也能欣赏到那些赞美的话语了。

➡ 在学生们书写的时候，在教室里走到并监督他们。当他们写完的时候，建议他们：

- 再稍等一分钟，等着其他同学一起完成，因为我们要一次完成卡片的传递。

➡ 宣布暂停——或者再等一分钟——当你想要每个人都写完并准备好传递的时候。

幻灯片7

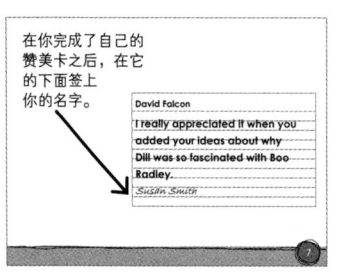

- 在传递之前，让学生们在赞美卡上字迹工整地签上他们的全名。全名代表着所有权。
- 在每次传递之前都要重复这一步。
- 在传递之后，让下一个人再次检查上一个人的签名也是会有帮助的。

幻灯片8

- 让学生们朝相同的方向再次传递卡片。

幻灯片9

- 一直重复，直到卡片回到主人的手中。
- 各小组可以按照自己的速度进行传递，或者你给学生们设定一个时间限制（比如，每个书面赞美给两分钟的时间），然后宣布开始下一次传递。
- 强调一下，那些较早写完的人要把卡片留在手里，直到所有的卡片只用一次就能全部被传递出去。否则，你就会看到有些做事过于勤奋的人会把自己的卡片硬塞给他们旁边的成员，甚至在他们写完上一张卡片之前。

第八章
长期合作的讨论组

幻灯片10

阅读你的赞美卡片。

感谢你的小组成员们给你的赞美。他们是值得在一起合作的好伙伴！

➡ 鼓励小组成员庆祝他们的成功以及他们在一起度过的时间。

第九章 和而不同

辩论是最高级的小组互动形式之一——针对复杂的、具有挑战性的甚至是引起争议的话题进行友好的争论。就像往常那样,我们开始就定下友好和善的基调,即使有时候我们会引导学生们说出不同的观点、解释和看法。我们要确保学生们能求同存异,以友好的方式提出异议,即他们有权利坚持不同的观点,但同时也要尊重彼此的想法。在本单元结束的时候,学生们将能够有说服力地主张一个问题的两个方面,然后丢弃争议来寻找折中的解决方法。我们认为这是朋友、家人、同事以及每一个普通人都要拥有一个非常重要的生活技能。

课程25. 文本中的金矿:寻找证据

课程26. 人类连续体

课程27. 你站在哪儿?

课程28. 先听听每个人的观点

课程29. 论证正反两方的观点

课程30. 文明地表达异议

第九章
和而不同
ARGUING AGREEABLY · 217

课程 25. 文本中的金矿：寻找证据

◎ 为什么使用它？

你可能并没有注意到，共同核心标准痴迷于使用文本证据的论点。这条训令以不同的方式充斥于各种阅读、写作以及听说标准中。从标准制定者的角度来看，完全的且永恒不变的含义存在于每一篇文章中，只要读者们能理解"作者的意图"。虽然我们并不完全束缚于这些陈旧的文学理论，但那并不意味着孩子们不必再用证据来捍卫自己的主张了。要求学生们使用文章中正当合理的证据来支撑自己的主张确实能消除学生们在小说结尾进行的脑洞大开的讨论。这些讨论往往都围绕着外星人的绑架展开。

以证据为基础的论据的出发点没必要是正式的辩论或者准法律的程序。首先需要的是对仔细阅读和文明交谈进行练习。孩子们需要练习用文本证据来支持自己的解释，而且我们必须向他们展示如何去注意重要的细节，即使是在他们进行背景阅读的时候。

寻找文本金矿需要仔细的阅读和重读，两者都是共同核心所强调的。而且，在学生们讨论他们的金矿的时候，这是一个去注意并重温某个作者的具体技巧选择的好机会，这往往会包含作者们是如何支撑起自己的论点的。

◎ 什么时候使用它？

本课程排在论据这一大类课程的第一位是因为它关注的焦点就在认真阅读和愉快讨论上，严厉刻薄可以等到后面再登场。时间的选择取决于你的学科以及当前正在学习的话题。由于它的目标是更加仔细的阅读，所以在学生们开展文学圈活动，阅读短文或者历史档案，再或者引进讨论章节的时候，这个课程都是非常有用的。本课程还能帮助学生们仔细观察一位非小说作者是如何使用证据去说服他人或展开争论的。

◎ 准备

- 确定小组的组成方式。本课程对双人小组或者三到四人的小组最有效。
- 学生们应该熟悉至少一种文本注释的方法。
- 确定你的细读目标并选择一篇大约一页长短，能体现细读的短文。在学生们仔细观察并讨论作者的某个写作技巧的同时，这个写作技巧还可以和讲故事、论据、劝说或者陈述联系起来。
- 你需要为每个学生都发一份这篇文章的复印件。

◎ 课程

幻灯片1

标题：文本中的金矿：寻找证据

幻灯片2

➡ 分发学生们将要用到的文章。

➡ 对学生们说：

■ 在几分钟的时间里，你们将会安静地阅读这篇文章。在你们阅读的时候，我会要求你们画出那些真正一下子吸引住你们的短语和句子。在你们找

第九章
和而不同
ARGUING AGREEABLY · 219

到时候，就把它们标出来。

➡ 我们将把这些短语和句子称为文本中的金矿。

幻灯片3

➡ 放映并大声读出幻灯片。
➡ 用第一段对文本金矿进行示范注释。
  ■ 我会对第一段进行注释，同时你们要认真观察。
➡ 现在，让学生们在每一页都找出最小数量的文本金矿。对一篇两页的文章来说，我们一般会让学生们每页至少画出三个文本金矿。
➡ 在学生们阅读的同时，对全班进行监督。
➡ 对于那些很快就完成的学生，鼓励他们重读文章或者针对他们选出的句子对他们进行安静的采访。然后，如果他们不能很好地解释他们为什么会挑出这些句子，那么，这就给了他们一个重读文章的理由。

幻灯片4

➡ 对学生们说：
  ■ 一会儿，你们就要和自己的小组分享并讨论你的文本金矿了。首先，让我们谈一下如何去做。
➡ 在他们开始小组讨论之前，为你的学生们进行讨论示范。要清楚明确地向他们展示如下的步骤：

  1. 指出你画线的句子所在的位置，然后等着让每个人都找到它。
  2. 大声地读出这个句子。
  3. 让学生们再读一遍这些句子。

➡ 下一张幻灯片。

幻灯片5

- ➔ 找志愿者来回答：
  - ■ 对我找到的金矿你有什么要说的吗？
  - ■ 你想象到了什么？
  - ■ 你喜欢哪些话语？
  - ■ 这句话让你想到了什么？
  - ■ 你认为作者写下这句话的原因是什么？
  - ■ 你认为我选择它的原因是什么？
- ➔ 给全班一分钟的时间去重读这句话并思考不同的回应方式，正如幻灯片中所列的那样。
- ➔ 继续示范、引导以及劝说志愿者们去改变他们的回应方式。

幻灯片6

- ➔ 强调一下，读到文本金矿的人最后进行分享。
- ➔ 示范最后一个分享自己的观点。

幻灯片7

- ➔ 放映并回顾幻灯片：
  - ■ 在你们回到各自小组的时候，记住：
    小组成员们应该轮流来分享文本金矿。如果你刚分享了一个，那么就等到其他所有人都分享完毕之后再继续。
    我们正在练习均等地分享文本金矿以及深思熟虑的回应。

第九章
和而不同
ARGUING AGREEABLY · 221

幻灯片8

➡ 放映幻灯片并回顾：
- 不要忘记：有文本金矿的人总在最后一个分享。
- 你们小组的目标是让讨论围绕着某一个文本金矿持续下去，而不是从一个仓促地冲到下一个。
- 记住，你可以用许多不同的方法来分享你对一句话的观点。

幻灯片9

➡ 放映幻灯片并回顾：
- 如果你的小组在思考以及谈论你们分享的每一个文本金矿的时候，都能做得非常出色，那么你们将不会有任何问题把讨论持续下去直到我宣布暂停。

幻灯片10

 分享并讨论文本金矿

1. 指出你画出的文本金矿的位置，然后等着让每个人都找到它。
2. 大声读出这个句子。
3. 让小组成员们再读一遍这个句子。
4. 听取每个人的观点。
5. 最后再分享你自己的观点。
6. 另一位组员分享下一个文本金矿。

➡ 很快，孩子们的各小组就要对文章剩下的部分进行讨论。现在马上检查一下，看学生们对这个过程是否有疑问。

➡ 在讨论开始之前，让每个小组选出一位组员来保持对步骤的跟踪并确保小组的行动遵循这个组员的提示。

➡ 让这些"过程看守人"举手示意，然后让各小组展开工作。

➡ 保留这张幻灯片不动，这样，在你监督的时候，你就可以提醒过程看守人来确保小组按照步骤行动。

➡ 尽管每个小组都有一个人来负责这些步骤，你仍然需要监督小组成员们，让他们轮流来分享句子。否

则，总是会出现至少一个这样的小组，其中的一个组员分享了所有的文本金矿，于是剩下的组员告诉你说，"没有剩下什么能分享的了。"

幻灯片11

➡ 监督并叫暂停当你看到有些小组即将完成的时候。
➡ 在全班分享之前，说：
  ■ 转向你的小组并选出那个给你们小组带来了最好、最为有趣的讨论的文本金矿。确保小组里的每个成员都能很好地解释你们选择它的原因。你小组里的每个人都应该能描述出你们谈论的内容以及这句话为什么会如此有趣的原因。
➡ **注意**：对这种类型的分享来说，随机地挑选学生来进行全班分享是很重要的：这既是小组独立性的一部分，也是个人责任的一部分。如果你总是让各小组自己来选择一个发言人，他们通常会选一个口齿最伶俐并且在小组里说话最多的人。然后，在你给各小组时间去回顾他们的讨论的时候，小组成员们就会转向张三说，"在老师叫到我们组的时候，你想想说点什么。"于是，张三就会顺水推舟地服从安排，因为他喜欢在全班面前讲话。而小组的其他成员也会松一口气，并开始谈论一些与文本金矿毫无关系的东西！
➡ 给各小组一些时间，以确保每个成员都做好了发言的准备。
➡ 在各小组进行分享的时候，你指出作者的某些写作技巧元素的机会就到了，而这些技巧元素也许是你一直以来都极想讨论的。在一个小组进行了

第九章
和而不同
ARGUING AGREEABLY · 223

解释之后,你在他们观点的基础上进行扩展是没有任何问题的。然而,重要的是,你可以作为讨论中的"又一个声音"出现,却不能变成那个权威的唯一的声音。

幻灯片12

→ 是的,这个"感谢你的小组"的环节是超级重要的,这就是为什么它会被包含进每一个课结尾的原因了。

课程 26. 人类连续体

◎ 为什么使用它?

本课程和下一个课程（你站在哪儿？）帮助学生们表明并支持自己的立场，并仔细地聆听同学们有时候会提出的对立观点。我们用一个充满活力且能活跃身心的活动来表现这种"和而不同"。在这个活动中，孩子们能使自己的想法清晰可见，并被要求去改变他们的立场（既指字面上的含义，也指比喻上的含义）以作为对新的信息的反应。这两个结构为学生们学会在写作中制造论据打下了基础。口头的预演为学生们提供了安全可靠的训练，而这些训练都是孩子们在写作中打造坚实的论据所需要的。

◎ 什么时候使用它?

当我们逐渐把学生们转向越来越尖锐的辩论和争论的时候，本课程就较早地进入了我们的视线。人类连续体好玩活泼的特点能使这些最开始的争论保持友好。和多位持有相似或不同观点的搭档进行交谈的机会能帮助孩子们练习耐心、有礼貌的倾听以及得体的回答。

> *本课程和下一个课程是学生们学会在写作中制造论据的基础。口头的预演提供了学生们所需要的安全可靠的训练。*

第九章
和而不同
ARGUING AGREEABLY · 225

◎ 准备

- 为步骤6准备好记录卡片。
- 在你的教室里选一个连续体可以展开的地方。
- 把相应的卡片用胶带粘在地板上来预先标注好五个位置。
- 理想的做法是,让学生们排成一条大跨度的、笔直的直线。
- 如果需要的话,暂时把桌子推到墙边,靠墙放置。
- 如果将来你经常要用到一个开阔的站立空间(你应该会用到),那么给学生上一堂"如何快速安静地在教室里移动桌椅"的微型课也是值得的。

◎ 课程

幻灯片1

标题:人类连续体

幻灯片2

➡ 让几位志愿者来分享一下他们对电影《侏罗纪公园》的回忆。

幻灯片3

➡ 告诉学生们：

■ 这部电影制作于1993年，而且它是完全虚构的。但是，克隆技术的发展速度之快超过了所有人的想象。最近有几篇文章报告说，利用残留在它们化石中的DNA片段，恐龙和别的一些已经灭绝的动物也许很快就能被重新创造出来。

➡ 一个有趣的主意是：由于几乎所有幸存下来的组织都没有完整的基因物质，那些将来的复制品也许需要接入一些从现存的动物身上取下的替代基因。结果会是什么样的呢？天晓得！

幻灯片4

➡ 让孩子们安静地思考或者与一个伙伴交谈。

幻灯片5

➡ 告诉学生们：

■ 马上，我们就要组成一个人类连续体了。这是一种特别的列队方式，它允许每个人针对一个有争议的问题选择自己的位置并且和具有相似——或者不同——观点的人交谈。

➡ 你可以问一下有没有人以前做过类似的活动。这个活动会出现许多反复，但是大多数人都会很愉快地参与进来。

第九章
和而不同
ARGUING AGREEABLY · 227

幻灯片6

➡ 在幻灯片上提出问题,说:
  ■ 花一分钟的时间去思考一下你的立场。你会站在哪儿?为什么?
➡ 在进行下一步之前,确保学生们写下了某些东西。你可以说:
  ■ 你马上就要向若干位同学解释你的立场了,因此,一定要把你的想法写下来。

幻灯片7

➡ 在孩子们各就各位的时候,快速地展示这张幻灯片。

幻灯片8

➡ **这一步需要你非常积极主动地管理。你想要孩子们立即开始和队列中站在他们附近的一个(或者至多两个)其他孩子进行交谈。**
➡ 开始指导!
➡ 有些人也许会组成四人或五人的小组,而在这样的小组里,对每个人来说,就几乎没有了积极的社会压力或者发言时间。还有有些人也许会觉得很难去确认一个搭档。
➡ 逐渐形成队列,分散过大的小组:
  ■ 现在你们分成了两组;继续讨论吧。

➡ 把落单的人集合在一起：
- 这就是你的搭档，并说一下你们站在这里的原因。

➡ 保持这张幻灯片不动以辅助孩子们的讨论。

幻灯片9

➡ 现在，让队列的每一个部分都出一位志愿者，了解学生们产生某些想法的各种各样的原因。

➡ 如果你预测到许多孩子会为了明哲保身或者让自己更轻松一点而站在中间，那么你就可以取消"中立的"位置并把它变成一种强制性的选择。

幻灯片10

➡ 现在，"对折队列"。（在这里我们需要一个非常开阔的空间。）

➡ 让连续体两端的那两个孩子一直走直到两人能面对面地站着，同时带动连续体跟随他们，于是每个人都能得到一个或两个新搭档。

➡ 最保险的做法是：拉着站在最边上的那个孩子的手；让每个人手拉着手，然后跟着你走到他们的位置。

➡ 最后的结果应该是孩子们成两列面对面站着。大多数学生现在面对着的以及与之进行交谈的都是某个持有异议的学生。（在中间部分，这样的相互对照减少，我们或许需要调整孩子们的位置以得到新的搭档们。）

➡ 我们曾经在250人的群组中做过这件事情，因此，不要把它想得太复杂。积极主动，热情指导，它就一定能成功！

第九章
和而不同
ARGUING AGREEABLY · 229

→ 讨论规则和以前一样,你需要让孩子们仅以两人或者三人一组的形式进行讨论,而且你需要对此进行积极活跃的监督。

幻灯片11

→ 然而对不同的谈话进行抽样检查。这一次,你可以让学生们的评论集中于如何才能做到以友好的方式提出异议。
→ 如果你愿意的话,把学生们使用的成功方法和语言制成班级清单并保存起来(让一个学生速记员进行记录,这样你就可以集中精力管理对话了。)

幻灯片12

→ 在学生们还站着的时候,进行接下来的几个步骤。
→ 有两张幻灯片给学生们提供了更多的信息去思考,这是其中的一张。这张幻灯片上的两个条目给出了不去克隆灭绝动物的原因。
→ 给学生们几秒钟的时间去阅读(他们很快就会再次见到这段文字,因此,你没必要再次久留)。

幻灯片13

→ 这张幻灯片给出了两个我们应该进行克隆实验的原因。让学生们快速地看完这些原因。

幻灯片14

➡ 现在问一下学生们，看了这些事实情况之后，是否有哪条论述使得他们想要重新考虑自己的位置。或者，这条信息通过提供新的论据更加稳固了他们现有的位置。

- 不管是否改变位置，你们都应该把这条新信息包含进自己的位置中去。

➡ 留下记笔记的时间，然后放映下一张幻灯片。

幻灯片15

➡ 在他们记笔记的时候，再次展示那些信息以供学生们参考。

幻灯片16

➡ 现在，让学生们按照自己修改过的位置列队。你或许想对他们说：

- 根据新的信息，你也许极大地改变了自己的位置。或者，你也许仅仅是朝着这一端或者那一端少许改变了一点位置。一定要找到自己在这个连续体中的最适合的位置，在你和别人交谈的时候。

第九章
和而不同
ARGUING AGREEABLY · 231

幻灯片17

- 和站在你旁边的一个或者两个别的人交谈。
- 轮流分享分享你们的观点和原因。
- 如果你们中有一个人改变了位置,那就谈一下是哪些信息动摇了你的想法。

➡ 学生们和他们的新邻居所进行的交谈的讨论方向。在监督的时候,帮助学生们组成新的配对。

幻灯片18

谁进行了一次有趣的谈话?
有人改变自己的位置吗?
为什么? 对于克隆,你现在有什么问题?
关于站位置你学到了什么?

➡ 在这里要汇报两个部分:
  ■ 话题:克隆灭绝动物。
  ■ 提出并支持论据的过程。(更重要!)

➡ 再一次,让某个学生抄下来关键的知识或语言以便以后使用。

幻灯片19

感谢你的整个连续体所进行的出色的对话。

➡ 谢谢你!

课程 27. 你站在哪儿？

◎ 为什么使用它？

就像人类连续体那样，本课程也要求学生们站位，不仅是在思想上而且还在身体上。在这个版本中，学生们不用站成一列，我们利用教室的角落（或者其他可行的空间）来让孩子们根据自己在某个问题上的立场集合在一起。把这想象成"活的李克特量表"——你知道的，这种调查研究的方式就是让人们在从"强烈赞同"到"强烈反对"之间的4个或5个点中选择自己的站位。一旦集合完毕，孩子们的任务就是去解释并辩护他们的推论，首先和相同观点的搭档们一起，然后在和持异议的人一起。

◎ 什么时候使用它？

这一课是我们"友好的异议"课程序列中的一部分。它以与观点相同的人进行安全对话开始，然后转到与持有不同观点的学生进行有礼貌的辩论。一旦学生们学会了这种结构，那么，每当我们正在教学的某个单元出现了争议话题的时候，我们都会使用它并坚持整个学年。它是快速地围绕重要问题（比如，殖民化、社会懒汉、个人隐私、气候变化、转基因食品）聚集能量和好奇心的一种非常棒的方法。而且

> 它是一个快速地围绕重要问题聚集能量和好奇心并让孩子们为口头和书面辩论做好准备的好方法。

第九章
和而不同
ARGUING AGREEABLY

也是一个让孩子们为口头和书面辩论做好准备的好方法。

◎ **准备**

- 提前定好四个或五个集合区域的位置,然后在墙上悬挂标签来标记这些位置。
- 如果你教室的角落杂乱不堪,那就再选择并标注别的地方。有的时候"外面走廊里"也要作为一个区域。
- 本课程有一个难题,即你不要去期待观点的平均分配,因此,有的时候你需要能够控制好一个大组和数个小组。

◎ **课程**

幻灯片1

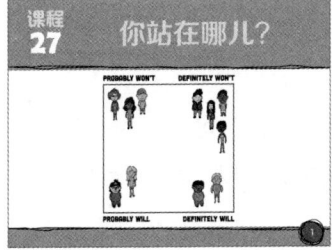

标题:你站在哪儿?

幻灯片2

➡ 让学生们说出一些人们持有异议的事情:政治、宗教、运动队等。

幻灯片3

➡ 对学生们说下面的一些话：
  - 如果我们想要在生活中赢得争论，在学校里写出优秀的、有说服力的文章，我们就得听一听对方怎么说。
  - 出色的辩论家不仅仅会雄辩地提出自己的观点，他们还会仔细地倾听对方的主张并作出回应。

幻灯片4

这里有一个人们或许会有不同意见的话题：科学家们现在能够在实验室里制造出人造肉了。他们能够在培养皿中生长出一盘盘的肌肉或牛肉。就像自然肉类那样，这些肉也能被切成片进行烹饪。

当这种人造肉进入你们当地的市场或者麦当劳的时候，你会吃它吗？

➡ 给学生们一些时间去进行安静的思考或者非正式的搭档交谈。
➡ 如果这里的试管肉话题不适合你的学生，那么你可以把它换成别的极具争议的、适合孩子的话题。

幻灯片5

1. 一定会吃人造肉
2. 可能会吃人造肉
3. 或许不会吃人造肉
4. 一定不会吃人造肉

- 决定你的位置。
- 现在，快速写下你这样想得具体原因。

➡ 留出一些思考的时间，然后让学生们开始书写。
➡ 在你让他们解散去站位的时候，确保所有的孩子都做了一些笔记。

第九章
和而不同
ARGUING AGREEABLY · 235

幻灯片6

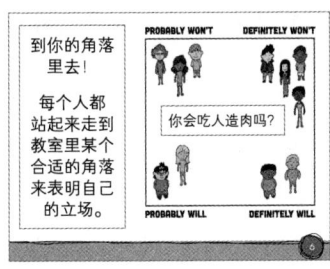

→ 如果你的学生们已经完成了人类连续体,那么这个活动的运动和设置应该很简单。它的基本思路是相同的:学生们只要走到那个代表他们各自观点的指定位置就行了。

→ 注意这个活动是一个"强制性的选择",没有"中立的"位置。

幻灯片7

→ 现在,让孩子们面向一个或两个站在同一地点的其他学生,然后马上开始分享他们选择这个立场的原因。

→ 这个步骤需要你非常积极主动地管理。有些孩子也许会不知不觉地进入事实上的四人或五人小组。而在这样的小组里,每个人几乎没有什么积极的社会压力或者发言时间。还有一些人可能会觉得难以确定一位搭档。

→ 指导时间到了!

→ 调整各个角落,分解过大的小组:
  ■ 你们现在是两个组了,继续讨论吧。

→ 把落单的学生放在一起:
  ■ 这就是你的搭档,谈论一下你们站在这里的原因。

→ 在孩子们讨论的时候,保持这张幻灯片不变。

→ 在这一步,他们是在和观点相同的人交谈,但是这么说或许会有帮助:
  ■ 是的,你们同意彼此的观点,但是你的搭档也许有不一样的重要理由,因此,要仔细听。

幻灯片8

➡ 一定要促使孩子们解释清楚他们选择某个位置的原因。

幻灯片9

➡ 有许多方法可以把各个角落混合起来,包括简单地让一半的学生作为志愿者转移到一个不同的角落去。具体方法如下:
  ■ 此时,每个角落出一半的人到别的角落去。每个角落里生日靠前的那一半离开,生日靠后一半则继续留在原地不动。
➡ 对这种位置转移进行控制,以便每个角落里代表不同观点的人达到平衡,这样,在每个位置都会出现精彩的辩论。

幻灯片10

➡ 目的是让"新"来的人和原先就在这个角落里的人进行交谈。我们不希望留下的人再进行相互交谈。

第九章
和而不同
ARGUING AGREEABLY

幻灯片 11

- 再一次，让来自每个新的"混合观点"角落的志愿者进行分享。
- 在这次分享中，探索人们的观点在讨论中可能会怎样被动摇或者被改变，以及什么样的证据是最有说服力的。
- 让一位学生速记员列出有用的观点和语言以供日后使用。

幻灯片 12

- 投票表决总是很有趣的。本课程——以及使用这种两极分化的话题，刻意为之的另一个作用就是它能让孩子们对独立阅读非小说的内容感兴趣。每天，新闻里都会出现更多的信息，从专利种子，到科学怪人似的化学增味剂，再到支持和反对转基因食品的运动。而这些还仅仅只是食品领域的问题。
- 如果你的学生们在学完本课程之后带来了更多的故事或者简报，那么你也不必惊讶！

幻灯片 13

- 总结！
- 对所有人致谢！

课程 28. 先听听每个人的观点

◎ 为什么使用它？

每当学生小组要对如何完成任务，解释一篇文章，或者组织一次辩论进行选择的时候，小组成员们需要记住，在做决定之前先听听每个人的观点是非常重要的。结果将会是一个更高质量的最终产物以及更加融洽的合作关系，因为每个人都能感觉到他们的观点是受重视的。

◎ 什么时候使用它？

引入本课程的最佳时刻是在一个小组项目任务刚开始的时候，因为，这个时候学生们必须决定一个具体的项目目标，然后确定需要做什么来达成那个目标。你还可以把这个课程插入到那个项目或者单元中。在开始的时候教授本课程，然后，在小组开始针对具体内容的任务进行合作的时候，你可以返回到这些幻灯片的某些内容来作为一个快速提醒，即为了做出最好的决定，听取每个人的意见是很重要的。

> 在一个小组项目任务刚开始的时候引入本课程，这个时候学生们必须决定一个具体的项目目标，然后确定需要做什么来达成这个目标。

第九章
和而不同
ARGUING AGREEABLY · 239

◎ **准备**

- 本课程假定学生们已经在三到五人小组中开展合作了。
- 确定学生们记录小组技能笔记的方法。

◎ **课程**

幻灯片1

标题：先听听每个人的观点

幻灯片2

➡ 对学生们说下面的话：

- 小组在做决定之前往往不能考虑到所有可能的观点。为了达到尽可能最好的效果，我们需要确保每个人都做出了贡献并进行了均等的分享。

幻灯片3

➡ 有的时候，小组成员们太过于专注去完成任务，于是，他们仅听取了被提出来的第一个观点就急匆匆地开始了。

幻灯片4

→ 很多时候，一位小组成员可能有一个更好的主意或者合理的担心，但却从不把它说出来。因此，小组需要使用讨论技能来让成员们在做出任何决定之前都预先听一下所有的观点。

幻灯片5

→ 一旦学生们明白了在做决定之前先听取每一个观点的重要性，让小组成员们先独自地进行头脑风暴。

→ 他们的清单可能包含：
- 具体的项目想法；
- 问题；
- 担心；
- 小组成员们的天赋；
- 其他事情。

→ 要点在于，在这个小组会面的时候，每个成员都已经对指定的项目或任务进行了集中的考虑。

幻灯片6

→ 既然每个人都有一些扎实的想法可以分享，那么我们就需要完善我们的分享技巧以便每个小组在做决定之前都能认真地考虑每个人的观点。

第九章
和而不同
ARGUING AGREEABLY · 241

幻灯片7

➡ 示范如何将纸张对折并标注,同时让学生们也跟着做。如果你整个学年都在使用这本书的话,那么学生们就会接触到许多次这种看起来像/听起来像的笔记方式。

幻灯片8

➡ 在展示这张幻灯片的时候,强调一下我们只是在观察正在听取每个人意见的小组所使用的身体语言。先不要让他们开始交谈。

幻灯片9

➡ 在这一步,让各小组的小组成员们进行两两配对。

➡ 尽管学生们处于更大的小组当中,但是,如果在这一步使用两两配对的方式,那么,"听取每个人的观点看起来像什么"的头脑风暴和讨论就会进行的更加快速。

➡ 给学生们几分钟思考和书写的时间。

幻灯片10

➡ 在分享和列举开始之前,指定一名学生速记员,这样,在全班进行分享的时候,你就能自由地走动并进行监督了。

➡ 在你号召双人小组来对全班的总清单做出贡献时,一定要在黑板上记下所有的行为,或者理想的做法

是，暂时切换到可以用幻灯片投影的文字操作。这样你就能得到这个清单的永久保存版本了。

→ 如果你直接写在了黑板上，你也可以在擦掉它们之前用自己的智能手机拍下这个最终完成的清单。

→ 指示学生把新的观点添加到自己"看起来像"的那一栏里，这样他们也能得到一份完整的清单。一份典型的这种清单会包含下面的内容：

- 眼神接触；
- 注意力集中在发言者身上；
- 快速记笔记；
- 微笑；
- 一次只有一个人发言；
- 紧靠着坐在一起；
- 专心听发言者的讲话；
- 轮流发言；
- 点头表示同意；
- 坐直；
- 身体前倾。

幻灯片11

→ 现在，该讨论一下当人们听取每个人观点的时候，他们实际上会对彼此说什么了。

→ 这次，我们会制作一个实用语句清单。在与他人合作的时候，你可以实际运用这些语句。

第九章
和而不同
ARGUING AGREEABLY · 243

幻灯片12

➡ 让搭档们把那张纸翻到右边那一栏，并标注上"听起来像"。

幻灯片13

➡ 把学生们可能会对彼此说的所有积极的话语制成一个总清单。把每句话都加上引号。

➡ 提醒学生们记下来所有他们没有想到的语句，这样他们自己的清单就能和黑板上的总清单一样完整了。

➡ 典型的清单会包括：
- 直呼成员的名字；
- "＿＿＿＿，你的想法是什么？"
- "谁有问题？"
- "你的清单上还有别的什么？"
- "如果我们选择这个项目，那么我们怎样去分工呢？"
- "哪个项目能最好地发挥我们独一无二的天赋？"
- "检查你的清单。看还有没有任何别的没有贡献出来的东西？"
- "在做决定之前，让我们听听每个人的观点吧。"
- "这些项目，每一个的优点和缺点分别是什么？"

幻灯片14

- ➡ 一旦这个T型图标被完成了，各双人小组就应该返回到各自的项目/任务组并对他们清单上的观点进行讨论。
- ➡ 监督并均衡学生们的参与。
- ➡ 对那些看起来相当快速就做出决定的小组提出问题，来看一下他们是否真正地认真考虑了每个人的观点。

幻灯片15

- ➡ 随着学生们的讨论渐渐平静下来，鼓励各小组回顾他们讨论的所有观点并挑选出那个对合作最有效的观点。
- ➡ 然后邀请每个小组来和全班同学分享他们的选择。
- ➡ 在所有小组都分享完毕之后，让学生们给彼此一次热烈的掌声，为所有那些给他们的项目决定带来帮助的想法。

幻灯片16

- ➡ 然后，让学生们转向他们各自的小组并感谢彼此对他们观点的倾听和认真思考。

第九章
和而不同
ARGUING AGREEABLY

课程 29. 论证正反两方的观点

◎ 为什么使用它？

实际上，共同核心标准要求孩子们从小学起就要培养辩论的能力。暂且撇开这个要求不提，能对某个问题的正反两方面都系统地提出论据可以帮助我们的学生成为更加出色的思考者，进而有希望成为更好的公民。尽管，我们各种各样的新闻来源都宣称是"公正和公平的"，但事实真的如此吗？有见地的公民会为它们的真实性而检查论据并审查证据。问题的两个方面都得到了均等的良好支撑吗？有的时候是这样，但一般情况下并非如此。本课程能帮助孩子们变成更好的说服者，而且还能使他们更加善于观察复杂问题的两个方面。

◎ 什么时候使用它？

在你想教给学生们劝说和辩论的时候，随时都可以使用这个课程。它的结构要求学生们对某个问题的正反两方面都进行论证，然后放弃他们的最后立场，并汇集所有可用的信息，目的就是为当前所提出的问题找到尽可能最好的解决方案。

尽管这个课程看起来有点复杂，但学生们能够没有任何困难地适应它。然而，我们极力推荐你将这个课程重复两到三次，以便让学生们越来越擅长于辩论策略。

> 能对问题的正反两方面都系统地提出论据可以帮助我们的学生成为更加出色的思考者，进而有希望成为更好的公民。

而且，也不要害怕在学年末返回本课程，尤其是在备考的时期。如果学生们清楚地了解展开一个论证需要论述的不只是他们偏向的观点，那么他们的作文就能得高分。

◎ 准备

- 提前确定四人小组的组成方式。
- 确定摆放桌椅的方式以使各小组和搭档们能最好地把注意力集中在彼此身上。
- 坚持紧挨着就座。在学生们计划和辩论的时候，他们说话的声音会分散注意力，除非小组成员们紧靠着坐在一起。你希望学生们把注意力集中在他们的搭档身上，轻声地说话，并且避免来自其他小组的干扰。
- 回顾一下成员资格表格热身采访。你将会在本课程中用到它。
- 给每个人准备一份成员资格表格的复印件。
- 挑选一个和你的学科以及当前学习单元相关的话题。
- 选择两篇短文，每篇长度大约为一页，并且这两篇短文为同一个话题提供了正反两个方面的信息。
- 在对这两篇文章进行双面复印之前，在它们的上部分别清楚地标注上1号和2号。这些数字将会被用来给引用相反的观点。
- 每个学生都需要一份这两篇文的复印件（双面复印），目的就是注释并研究它们的立场。

第九章
和而不同
ARGUING AGREEABLY · 247

◎ 课程

幻灯片1

标题：论证正反两方的观点

幻灯片2

➡ 帮助孩子们确定面对面的搭档。

幻灯片3

➡ ……以及肩并肩的搭档。
➡ 找到正确的座位安排并进行必要的调整。

幻灯片4

- 一旦小组组成了，就让成员们通过自我介绍开始。在自我介绍的时候，他们可以说出自己的名字以及一句简短有趣的仿真陈述："嗨，我是南希，我最喜爱的食物是鳄梨色拉酱。"
- 如果孩子们彼此非常熟悉，那就给他们一个简短的细节问题来回答（最好的电视节目，最喜欢的比萨饼，等等）。

幻灯片5

- 分发表格，并且在这些简短的自我介绍之后接着进行一次成员资格表格热身采访。
- 你可以指定一个话题，或者让每个小组自己想一个话题。
- 告诉各小组用一分钟的时间去采访彼此。
- 提醒小组成员们去认真地倾听，以便他们能提出好的后续问题。

幻灯片6

- 在成员资格表格完成之后，展示这张幻灯片。

第九章
和而不同
ARGUING AGREEABLY · 249

幻灯片7

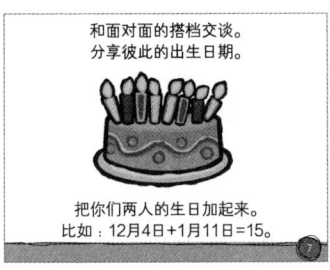

→ 为了避免困惑，让一组面对面的搭档说出他们的生日，然后在黑板上演示怎么样把生日加起来计算。

→ 之后，快速地在教室内转一圈并确保所有的面对面搭档们都计算出了他们生日相加的得数。

幻灯片8

→ 让各小组中生日相加得数最小的那些面对面的搭档们举手示意。他们的立场是1号。

→ 然后，让剩下的各对搭档，即那些生日相加之和较大的人，举手示意。他们的立场就是2号。

→ 再次转一圈并再次确认所有的面对面搭档们都已经知道了自己指定的立场是1号还是2号。

→ 在问题出现的时候进行回答。当然，学生们肯定会问话题是什么。那么，你就向他们保证——带点神秘感地——话题很快就会揭晓。

幻灯片9

→ 宣布话题并分发他们要用到的文章。保证所有两人小组都翻到了正确的文章：

■ 如果你是1号立场，那么你将要阅读并注释标着数字1的文章。如果你是2号立场，那么你将要阅读并注释标着数字2的文章。

→ 问学生们是否还有问题，然后进行一次快速检查以确保所有面对面的搭档已经翻到了和他们的立场相对应的文章。

➡ 告诉准备组（面对面的搭档）：
- 在你阅读的时候，标注出那些能构成或者支持你那一边论点的信息。

➡ 给学生们一些时间去独立地默读文章。

幻灯片10

➡ 在准备组（面对面的搭档）完成阅读之后，告诉他们重新集合并计划他们的论据。

➡ 指出他们可以用来计划的时间有多少分钟（我们一般会给5～7分钟）。在教室里转转，并对仔细观察他们的工作。

➡ 如果学生们较早地完成了任务，而且看起来他们也有了好的论据，那就早些宣布暂停。同样地，如果需要更多的时间，那就多给各小组几分钟。

幻灯片11

➡ 让各小组重新检查他们的就座位置，然后和自己的肩并肩搭档重新熟悉一下，稍后他们就会和肩并肩的搭档展开辩论。

幻灯片12

➡ 预先确定好你会给各方多少分钟去进行辩论。

➡ 当学生们第一次进行辩论的时候，我们喜欢让事情简短一些并只给每边一分钟的时间。当学生们演练得更加熟练的时候，你可以给每边两分钟的时间。然而，保持这个活动迅速活跃地进行下去是非常重要的。

第九章
和而不同
ARGUING AGREEABLY · 251

→ 提醒学生们：
- 在你的搭档进行辩论的时候，你只能仔细倾听。然而，做笔记把你搭档的论据记录下来会在后面非常有用，因此，我极力推荐你们这么做！

→ 确保所有双人配对的小组都做好了准备并且进入了辩论位置；然后，通过大声喊出"开始！"来发出这一轮辩论正式开始的信号。

幻灯片13

→ 使用你们的安静信号宣布暂停，等待辩论停止。
→ 提醒"新的"听众们规则都是一样的：安静地倾听并且做笔记。
→ 确定反对者们准备好之后，发出辩论开始的信号。

幻灯片14

→ 再次使用你们的安静信号宣布暂停。
→ 让学生们把注意力重新集中到他们的准备组上（面对面的搭档）：
- 在你们两人都听完反对方的最佳论据之后，你们现在的任务就是一起合作去寻找这些论据中的漏洞，以便你们能在以后尝试说服你们的辩论搭档去改变他们的观点。
- 在对手的假设中寻找漏洞的最好方法之一就是要求对手提供具体的列子和细节或者提出有针对性的问题，你还可以要求对手拿出文章中的证据。

→ 如果学生们看起来仍然不确定如何来部署他们的反驳，那就花点时间给他们做示范。做示范用的话题

要不同于学生们现在正在进行辩论的话题。从你自己的学校文化中挑选一个学生们熟悉的话题。看下面的例子：

- 人们对于是否每个人都应该有一整节课的时间来吃午餐有些争论，而现在只有低年级和高年级的学生们是这样。下面是这个争论的一个方面。我希望你们仔细倾听并思考一下怎样才能证明我的说法是不准确的，在我的想法中找漏洞。
- 不是去为每个人都延长午餐时间，我认为我们应该返回到过去每个人仅有半节课的时间来吃午餐的时候。
- 第一，既然我们的招生人数减少了，那么，每个人在25分钟的时间内购买并吃完食物都不应该有问题。学校的自助食堂在改造的时候进行了重新设计。它现在有了更多的食物窗口和收银台。此外，如果没有人用一节课的时间来吃午餐的话，那么。食堂里就会有足够的座位了。
- 第二，学生们可以使用这节课的另一半时间来得到学习上的帮助或者完成作业。他们可以利用媒体中心；可以参加各种各样的资源中心；还可以待在指定的年级教室里并完成作业。
- 好了，转向你们面对面的搭档并想出一些方法来反驳我支持缩短午餐时间的论据。记住，你们的目标是揭露我的论据的弱点。什么是不准确的？我忘记了提及什么？我没有回答的问题是什么？

→ 给学生们几分钟的时间去和他们面对面的搭档们交谈并快速记下一些笔记，然后做出回应。如果你觉得它能够加强学生们的理解，那么就指定一名学生

第九章
和而不同
ARGUING AGREEABLY · 253

速记员把这些回应列在黑板上，以便学生们在计划他们自己的反驳的时候进行参考。他们将会很快把这些反驳用在他们的辩论搭档身上。

➡ 可能的"午餐时间"反驳论据或许会包括：

- 学生们在吃午餐的时候需要一些时间来进行放松，而不是急匆匆地在半节课的时间之内购买并吃完他们的食物。
- 吃饭太快是不健康的。此外，当学生们赶时间的时候，他们倾向于购买那些能快速地被吃掉的食物，而这些往往都是垃圾食品。你吃炸薯条的速度要比吃沙拉的速度快得多。
- 你有什么证据能证明给每个人提供一个年级教室/资源利用时间就会提高学生的成绩？

➡ 在完成这个示范之后，问学生们还有没有问题。然后，让学生们转回到他们的面对面搭档并准备好他们将要向辩论搭档提出的反驳。

➡ 在面对面搭档合作的时候，对他们进行监督，鼓励他们真正地去深入挖掘一个缺乏说服力的论据。

➡ 当你看到各小组快要完成的时候（大约五分钟），宣布暂停。

幻灯片15

文明反驳的规则
1. 仔细听，无论你同意与否。
2. 批评观点，而不是批评人。
3. 提出需要澄清的问题。
4. 用具体的例子或者文章中的证据来回答问题。

➡ 放映幻灯片并大声读出文明反驳的规则。

➡ 然后说：

- 当你再次和你的辩论搭档会面的时候，你们的讨论可以集中在论据上，而不是对人进行批评。

幻灯片16

→ 放映并大声读出幻灯片。

→ 问是否还有问题。

→ 宣布哪个号码可以开始以及每一轮反驳有多少时间。

→ 再一次,在尝试反驳对手最大的弱点的时候,两两配对的小组可以和他们的辩论搭档们轮流进行反驳。

→ 然而,有一个比较大的不同在于,这次两个搭档都可以插入观点,提出问题,或者做出回答。

→ 强调一下,学生们仍然需要把这次"辩论"当成一次学习和理解的机会。你应该保持理性讨论而不是打断和阻碍。

幻灯片17

→ 宣布暂停。现在,另一方开始反驳质疑对手。

幻灯片18

→ 辩论的结尾是对最开始步骤的重复。但是现在,学生们需要交换立场。

→ 根据可用的时间多少,你可以:

- 让学生们直接去为他们的新立场辩论,利用他们在最初一轮的辩论中所做的笔记。
- 如果时间允许的话,让学生们返回到他们的准备组(面对面搭档)来讨论他们的笔记和文章,以便为论证他们的新立场做好准备。

第九章
和而不同
ARGUING AGREEABLY · 255

幻灯片19

➡ 告诉学生们：
- 本轮辩论的规则与第一轮相同。
- 如果没有轮到你进行辩论，那么你就要安静地倾听，不要打岔。

➡ 使用相同的计时方法，就像你在幻灯片11到幻灯片13中所做的那样。

幻灯片20

➡ 宣布暂停然后交换角色。

幻灯片21

➡ 再次宣布暂停。
➡ 放映并大声读出幻灯片。在此需要解释的是：
- 现在，你们的目标不一样了。不是去尽最大努力辩护并论证你的立场，你和你的肩并肩搭档的目标是为讨论中的问题想出尽可能最好的解决方案。
- 利用双方最好的信息，找到最有希望的解决方案。这也许意味着要去同意一方或另一方的观点，找到一个折中的能包含双方最好观点的方案，或者甚至可能是想出一个全新的解决方案。

➡ 给两人小组几分钟的时间，同时你进行监督。
➡ 当你宣布暂停的时候，让每一对都快速地分享他们的解决方案。你的班级会为如此多与众不同，富有创新性，且切实可行的解决方案而感到惊讶。

幻灯片22

➡ 对准备组搭档和辩论组搭档的努力工作进行庆祝。

➡ 两人小组应该直呼彼此的名字并感谢彼此的帮助和论据。带领全班同学热烈鼓掌也从来没有什么不好的。

附加说明

进入这种辩论模式的一个更加简单的方法就是减少阅读和注释的步骤,通过挑选一个你的学生们能够本能地进行辩论的话题。下面就是我们最喜欢的四个话题中的两个:

- 应该/不应该布置作业。
- 当我得到驾驶证之后,我应该/不应该买一辆自己的车。

随着学生们在这种辩论结构中变得更加熟练,让他们反思一下,为了找到强力的论据并挑战对手的观点,他们在深入地挖掘你所提供的资料方面做得怎么样。他们使用文章里的证据来支持自己的论据了吗?

学生们在提出口头论据方面变得越精通,他们的书面论据就会变得越来越流畅和牢固。我们认为,任何说服性的或者议论性的写作任务都应该在之前先和其他人进行一次口头的练习。

第九章
和而不同

课程 30. 文明地表达异议

◎ 为什么使用它?

正如我们非常熟悉的,在读和写中提出一个好的论据,是共同核心以及许多其他州立标准的基石。然而,这些标准还明确地指出,论据应该是学术性的、理性的以及具有事实依据的,而不是到处大喊大叫。情感诉求的使用遭到了否定(尽管他们在现实生活中往往会取得很好的效果)。本课程给你提供了一个机会来增强孩子们的需要,让他们在辩论中拿出证据而不仅仅是大嗓门。

◎ 什么时候使用它?

学生们对课程29中的辩论模式使用得越熟练,他们就会变得越大胆,而且有更大的可能性,他们会试图从那些有线电视新闻节目里的讲话者身上学习一些新招数。

浏览一下那些24小时不停播放的新闻网络,你就会发现,几乎每时每刻你都会碰到一些非常恶劣的争论正在进行。这包含但并不仅限于辱骂、打岔、假笑、翻白眼,公然无视别人的观点,或者给事实注入意识形态的成分。

虽然有些观众会觉得这样是能使人得到娱乐的,但是,在课堂上,人身攻击的

> **本课程增强了孩子们在辩论中拿出证据的需要。它还让学生们认识到,表达不同的意见也可以用文明的方式。**

行为会封闭人们的思考并产生一种非常坏的感觉。因此，让学生们明白也可以使用文明的方式来表达不同的意见是很重要的。这种文明的方式能让双方了解彼此的想法，甚至会让他们改变自己的主意，当具有强力事实和实例支撑的符合逻辑的论据摆在他们面前的时候。

◎ 准备

- 本课程最适合两人搭档，因此，提前决定如何让孩子们两两配对。
- 你还需要决定学生们如何去记录他们的技能笔记。

◎ 课程

幻灯片1

标题：文明地表达异议

幻灯片2

➡ 以提醒学生们前面学过的主场来开始：
  ■ 我们都在这里，互相学习并帮助彼此尽最大努力做到最好。

第九章
和而不同
ARGUING AGREEABLY

幻灯片3

➔ 因此,在我们进行辩论的时候,出现各执己见的情况也是很正常的。事实上,这正是我们所期盼的!

➔ 但是,即使我们各执己见,我们仍然需要记住主场。那意味着尊重他人并把每一次辩论都当成是一个学习的机会。

➔ 在我们辩论的时候,目标并不是"不惜一切代价获胜"——尽管你可能在电视上看到过这样的行为。

幻灯片4

➔ 你曾经听过政治广播节目或者看过福克斯、CNN、微软全国有线广播电视公司(MSNBC)的节目或者任何星期天脱口秀节目吗?你曾经看过《马赫脱口秀》吗?

➔ 你注意到了吗,在这些节目中,嘉宾们往往会进行很多争辩,却很少被说服过或者甚至很少去听对方的观点。

➔ 相反,他们会做些什么呢?

➔ **注意**:根据你的学生们的背景知识,你或许会想在YouTube视频网站上找一个这种电视节目给学生们在这里放映。当然,你要先看一遍!

➔ 问他们:
  - 不文明的辩论行为看起来是什么样的?它听起来是什么样的?
  - 转向你的搭档并讨论这些"辩论者"看起来和听起来的样子。你注意到了那些身体语言?他们对彼此说了什么?

➔ 在讨论结束之后,让搭档们进行分享。只需要听他

们说自己观察到的东西就行了；不需要写下来。学生们可能会有下面一些描述：

不文明的辩论	
身体语言	人们说的话
翻白眼	叹气
摇头	打岔
交叉双臂	"你不知道……"
攻击性的指指点点	引用情感、伦理、宗教
向后靠	喊叫
像看疯子一样看着对方	"你错了！"
看上去无趣，厌倦	"你不知道自己在说什么！"
砸拳头	"那不是真的！"
向某人挥手——轻蔑的手势	"那是一个愚蠢的想法！"

幻灯片5

➡ 向学生们说明一点，我们不想用这样的方式去辩论。

➡ 我们希望互相学习并尊重彼此。我们想要聪明地表达与某些观点的不同意见而不是去攻击那个提出了这些观点的人。

➡ 现在，我们需要怎样表现才能做到上面那些呢？

➡ 我们怎样才能在质疑某位搭档观点的同时而又不会给那位搭档造成人身攻击？

幻灯片6

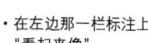

➡ 示范如何去对折并标注纸张，同时让学生们跟着做。

第九章
和而不同
ARGUING AGREEABLY · 261

幻灯片7

→ 在展示这张幻灯片的时候,强调说我们只是在观察参与到"文明地表达异议"中来的搭档们的身体语言。它看起来像什么?

幻灯片8

→ 监督各小组快速写下他们对身体语言的描述。
→ 提醒各小组集中在积极的行为上。

幻灯片9

→ 在分享和列举开始之前,指定一个学生速记员,这样,在全班分享的时候,你就能自由地走动、监督并进行指导了。
→ 在你找好搭档们为班级总清单做贡献的时候,把所有行为都记在黑板上,或者理想的做法是,暂时转换到可以投影的文字操作上来,这样,你就能得到这个清单的永久保存版本了。
→ 如果你直接写在了黑板上,在你把它擦掉之前,用智能手机把这个已经完成的"看起来像"的清单拍下来。
→ 指示学生们把所有的新想法都增添到他们笔记纸上"看起来像"的那一栏,以便他们也能得到一份完

整的清单。

→ 一份典型的清单会包括：

- 眼神接触；
- 注意力集中；
- 表现出兴趣；
- 点头；
- 微笑，友好；
- 记笔记；
- 轮流；
- 在说话之前，等待直到某位发言者的时间结束。

幻灯片10

→ 现在，让我们讨论一下，在人们文明地表达异议的时候他们实际上会对彼此说什么。

→ 这次，我们制作一个实用语句清单。当你和他人在教室里进行合作的时候，你就可以使用这些语句。

幻灯片11

→ 让搭档们把他们的记录纸翻到右边那一栏，并标注上"听起来像"。

第九章
和而不同
ARGUING AGREEABLY

幻灯片12

➡ 把学生们为了文明地表达不同意见而可能对彼此说的所有积极的话语制成一个总清单。

➡ 给每一句话都加上引号。

➡ 提醒学生们把所有的新观点都记下来,这样,他们自己的清单就和黑板上的总清单一样完整了。

➡ 典型的建议包含:
  - "是什么让你觉得自己是争取的呢?"
  - "你为什么会那样想?"
  - "是什么证据/例子/事实使你相信了这个?"
  - "你在文章中的哪个地方找到这个的?"
  - "给我们的这个观点一些支持吧。"
  - "我不同意。那个例子怎么样……?"
  - "你曾经想过……?"
  - "要是……?"

幻灯片13

➡ 把这张技能图表和他们一开始观察到的不文明的辩论行为进行对比。

➡ 你注意到了什么区别?

幻灯片 14

➡ 在经历了不文明辩论和文明辩论的对比之后,辩论搭档们可能会有怎样的感觉?哪种方式可能在实际上会更有说服力?为什么?

幻灯片 15

➡ 结束的时候,让搭档们感谢彼此,并且向彼此再次表示,与他们辩论自始至终不仅是一件令人愉悦的事,而且还是一次学习的经历。

幻灯片 16

➡ 而且,如果受到了符合逻辑的劝说,你也许甚至会改变自己的想法。

第十章
小组长期合作项目
SMALL-GROUP PROJECTS

第十章 小组长期合作项目

随着学生们学会了所有这些大类的合作学习技能，他们变得越来越有能力从事那些更加大型的、期限更长的、教师直接控制更少的任务了。作为团队，他们能够自己做出选择和决定，设定目标和时间表，坚持做记录，并且监督自己的进展。依据逐渐释放责任的模型，这就是最后一个阶段了——独立实践阶段——在这个阶段，教师们撤回了直接监督和决策制定，而现在只是充当值得信任的学习者们的顾问和教练。

我们推荐你把课程31、课程32和课程33放在一起进行教授，来作为本学年你的第一个长期小组研究项目的起始。

课程31. 制定一个评估标准

课程32. 计划小组项目

课程33. 记录个人的项目日志

课程34. 中途修改

课程35. 做一个专心的听众

课程 31. 制定一个评估标准

◎ 为什么使用它？

当孩子们开始一个雄心勃勃的长期小组项目的时候，让他们知道自己前进的方向是很有帮助的。小组计划实现的目标、结果、知识以及成绩是什么？当他们已经完成了伟大的工作时候，孩子们怎样才会知道？当这个项目结束的时候，工作中的什么元素应该被评估或评级？

评估标准已经明确地变成了复杂长期工作的首选评估工具。然而，大多数时候，这些评估标准却来自别的一些地方：教师、街区、大学理事会，等等。真是错失了一个良机啊！学生们最有可能以高质量为目标，当他们和你一起设计这个准则的时候。通常来说，当我们把做好的评估标准交给孩子们的时候，他们会无视它们直到等级已经被确定了下来。但是，如果学生们共同创造了那个能对一件作品或表现进行评估的正式评估工具，那么，他们就必须努力去克服那个大问题，即高质量看起来是什么样子的？

我们想要强调的是，在某个项目开始的时候就制定一个评分标准，我们这样做并不是在试图束缚孩子们的创造能力或者过早地把他们禁锢在某个或许在以后会被证明是不相关的标准之中。有一些特定类型的周期性重复发生的小组项目，比如读书俱乐部。这类项目的结构都是完全可以预测的，因此，我们能够准确地提前描述出一个高质量的表现应该是什么样子的。而对于那些更加开放的研究项目，比如调查圈，我们或许需要随着孩子们研究的展开对最初的标准进行调整。

◎ 什么时候使用它？

本课程能教给学生们如何去检查一件作品，精确地定位关键组成部分，然后

第十章
小组长期合作项目
SMALL-GROUP PROJECTS

创造有助于定义一个高质量结果的品质特征。我们推荐用两天的时间来展开这一课。第一天，制定比萨饼标准。第二天，为即将到来的课堂作业或项目制定一个标准。

◎ 准备

- 提前确定搭档们的配对方式。
- 双面复印比萨饼标准表格（见参考材料）和空白的项目标准（见参考材料）。
- 准备好用幻灯片放映一张空白的，能够让全班同学填写的比萨饼标准表格——或者提前把这个表格画在黑板上（幻灯片7）。
- 你也许需要准备一些比萨饼标准表格的例子来让全班同学仔细阅读（幻灯片8）。
- 准备好用幻灯片放映一张更加概括的并且能够被全班同学填写的空白表格，或者提前把这个表格画在黑板上（幻灯片9）。

◎ 课程

幻灯片1

标题：制定一个评估标准

幻灯片2

➡ 对学生们说：
  ■ 在你们开始一个项目的时候，最好是提前就想好如何使它具有"高质量"。通常来说，一个项目的质量是由某个标准来衡量的。

幻灯片3

➡ 为了给我们一些关于如何去定义质量的实践思考，我们将从比萨饼开始谈起。
➡ 转向你的搭档并进行一次关于比萨饼的采访。你可以问他们最喜欢的配料是什么，最好的比萨店是哪里，比萨饼皮是薄的好还是厚的好，或者曾经吃过的最难吃的比萨是什么。
➡ 你或许还会想到其他的问题。那么现在就开始吧。
➡ 给搭档们一两分钟的时间去讨论，然后继续。

幻灯片4

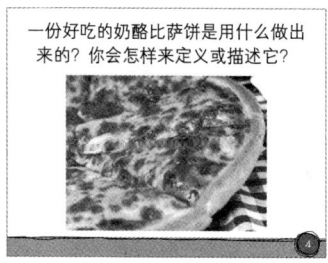

➡ 对学生们说：
  ■ 一个标准对质量做出评定，需要通过对一个成功产品或结果的各项元素进行认真仔细的详细说明。
  ■ 有了标准，就能让人们对产品的质量精益求精，因为人们对精品是什么样的已经有了一个具体的了解。
➡ 如果你还有额外的五分钟的时间，就给学生们放映一个YouTube上的视频：达美乐比萨大反击。这是达美乐公司的营销宣传片，在片中达美乐公

第十章
小组长期合作项目

司承认自己的比萨很难吃,而现在正努力使它变得更好。

→ 这就是各小组在他们开始之前就需要考虑质量的原因,而不是在事后在考虑,因为那时候已经太晚了。

幻灯片5

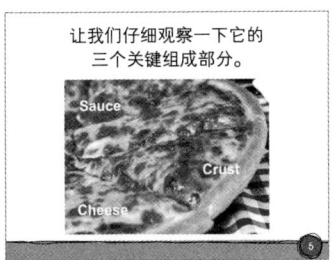

→ 为了理解如何去构建一个标准,让我们通过思考比萨饼的质量来进行练习一下。开始的时候,先考虑一下奶酪比萨饼的三个主要组成部分:饼皮,酱料和奶酪。

幻灯片6

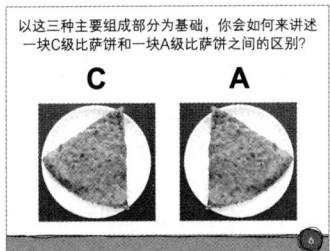

→ 如果让你用字母来给奶酪比萨饼评定等级,那么一张被评为A级的比萨饼和一张被评为C级的比萨饼之间会有什么区别呢?

幻灯片7

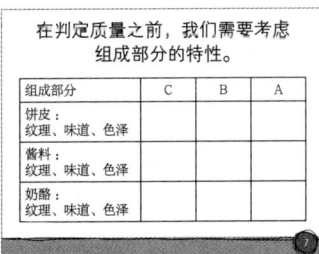

→ 把标准表格的复印件分发下去。
→ 解释:
- 在质量能够被确定之前,我们需要考虑产品的每一个组成部分并弄清楚它们的基本特性。就比萨饼来说,它的基本特性就是纹理、味道和色泽。在我们对比萨饼的饼皮、酱料和奶酪进行质量评定的时候,这些就是我需要考虑的事情。

幻灯片8

组成部分	C	B	A
饼皮：纹理、味道、色泽			
酱料：纹理、味道、色泽			
奶酪：纹理、味道、色泽			

一份C级比萨饼和一份A级比萨饼的区别是什么？

➡ 对学生们说：
  ■ 表格中的等级是按照从C到A的顺序排列的，而这样排列是有原因的。那是因为，当我们检查质量的时候，一件产品必须得满足一些最低要求才能达到可以被接受的标准——那就是C级。
  ■ 要想达到B级或者A级，这些最低要求必须保持完整不变，同时在其他方面进行细微改良以提高质量。

➡ 给搭档们几分钟的时间来讨论和比萨饼质量有关的描述并填写他们的表格。

➡ 监督并检查他们所写的内容。

➡ 当你注意到有模糊的描述出现的时候，就对他们进行干预和帮助。你可以提一些问题，让他们从更加具体的角度来考虑比萨饼的质量。

➡ 在所有的双人小组都对每一个组成部分以及字母等级有了一定的观点之后，就挑选一个学生速记员并制作一个总标准。

➡ 就像在前面的课程中所做的那样，使用投影仪或者直接写在黑板上（这一次要填写空白的比萨饼标准表格），以便学生们能够把他们漏掉的描述词语抄写下来。

➡ 后面列举了一份完成后的比萨饼标准班级总表格，以供学生们参考。

➡ 在完成了图表之后，就要向学生们提问：
  ■ 对你来说，想出这些描述词语是困难还是容易？
  ■ 哪些条目是你想到了却没有最终写下来的？
  ■ 你是怎么弄清楚同一个组成部分A级和B级之间

第十章
小组长期合作项目

组成部分	C	B	A
饼皮： 纹理、味道、色泽	熟透了的 灰白色 中性味道	酥脆 淡金黄色 咸香味	焦脆 金黄色 黄油味
酱料： 纹理、味道、色泽	红色 番茄味 均匀地分布	中等黏稠度 辛辣	平滑的分布 口感新鲜
奶酪： 纹理、味道、色泽	白色 味淡 莫萨里拉奶酪	均匀地融化 固着在比萨上	柔软而粘着 口感新鲜

的差别的呢？
- 在哪些描述词语上你和你的搭档存在不同的意见？

→ 你和你的学生们应该注意的诸多事情之一就是，制定一个描述性的标准是很困难的。虽然，要展示一件C级产品和A级产品之间的某个差别是相当容易的，但是，找到合适的描述词语来区分一件B级产品和A级产品则要困难得多。

→ 而且，不管什么时候只要你一谈起质量，人们自己的偏好和经历就会产生影响。根本就不存在所谓的完全客观的标准。

→ 还有一个关于标准的考虑：要制定并使用一个仅局限于那三个最重要组成部分的标准是非常容易的。是的，我们知道大多数标准都包含了更多的类别，但是不妨思考一下：更多的类别一定能生产出更好的产品吗？我们的目标就是让学生们去观察质量并把它内化于心，把标准制定的又长又复杂会阻碍这一过程。

幻灯片9

对你的项目来说，最重要的三个组成部分是什么？				
组成部分	C	B	A	

➡ 第二天，让学生们把比萨饼标准表格翻过来，使用它的背面来为即将到来的课堂作业设计一个标准。

➡ 观察例子（如果你保留了以前班级的样本）或者集体想象（如果它是一个全新的任务）一个出色的产品会是什么样子的。

➡ 为这个特定的作业确定三个最重要的组成部分，翻回到一天的那个比萨饼标准表格。比萨饼的三个最重要的组成部分是饼皮、酱料和奶酪。

➡ 问：
- 对这个作业来说，最重要的三个组成部分是什么？

幻灯片10

这些组成部分的特性是什么？				
组成部分	C	B	A	
组成部分： · 特性 · 特性			
组成部分： · 特性 · 特性			
组成部分： · 特性 · 特性			

➡ 一旦组成部分确定了下来，就让各对搭档们来决定每一个组成部分的主要特性。

➡ 然后，作为一个班级，为每一个组成部分讨论并一致确定两到三个特性。把这些特性写在每一个组成部分的方格中。

幻灯片11

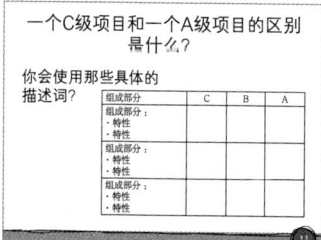

➡ 现在，搭档们开始讨论组成部分的描述词。提醒他们C级设定了可以接受的最低门槛。B级和A级的描述词展现了附加的细节和改进。正如他们对比萨饼所做的那样，搭档们应该尽力使描述词尽可能的具体一些。

➡ 在所有的双人小组都对每一个组成部分以及字母等级有了一定的观点之后，就挑选一个学生速记员，并为这个项目制作一个总标准。

第十章
小组长期合作项目
SMALL-GROUP PROJECTS · 273

→ 就像在前面的课程中所做的那样，使用投影仪或者直接写在黑板上，以便学生们能把他们漏掉的描述词抄写下来。要记得保存一份这个标准的副本（电子的，照片的，等等），这样你就能在需要的时候再回顾它了。

幻灯片12

→ 在学生们从事于他们的项目的时候，他们应该使用这个班级总标准来作为指南。开始的时候时刻想着最终结果会减少失误并能更好地集中精力于达到高质量的结果。

→ 当项目完成的时候，你和你的班级还能调整这个标准来对最终的结果进行评估。

幻灯片13

→ 让给小组互相祝贺并感谢彼此为制定标准而付出的努力。

附加说明

要记住去收集反映了不同等级质量的项目样本。因为对之前的样本进行细致的检查也会对明年的进步与改进产生影响。

课程 32. 计划小组项目

◎ 为什么使用它?

正如我们在第2章中所提到的那样,无数的研究表明长期的调查项目能提升孩子们的成绩并能有效地使他们为许多高风险的考试做好准备。事实上,斯莫基和我们的同事斯蒂芬妮·哈维已经就这些"调查圈"写了整整一本书的内容。但是,人们较少强调的是,这些项目,尤其是当它们被较小的群组实施的时候,必须经过十分细致的组织才能给学生们带来最好的效果。

这是专门设计来提供那种结构的一大类课程中的第二课,并不是通过分发那种包含了详细说明,警告事项以及大事记等的通常的学期论文清单,而是通过帮助孩子们对自己负起责任。他们已经制定了一个标准,详细说明了这个项目的高质量结果将会是什么样的(课程31)。现在,到了开始计划实际步骤和阶段的时候了。这些步骤和阶段将会帮助孩子们最终实现他们符合标准的目标。

◎ 什么时候使用它?

在孩子们已经积极活跃地探索了可能的话题之后,本课程才能紧随而至,而不是在某个研究单元刚开始的时候。当孩子们已经完全地深入到主题之中,产生了一些求知欲,并把注意力集中于他们的小组目标(以及目标中所包含的他们的个性特

> 调查项目必须经过十分细致的组织才能给学生们带来最好的效果。

第十章
小组长期合作项目

长）的时候，就到了我们开始正式计划流程的时候。

这是整个学年里我们所教授过的最长的合作学习课程之一。它有时候可能会占用一整节课的时间，或者你可以把它分成两小块并用两天的时间来完成。第一天做"小组计划"，然后第二天做"个体成员计划"。

◎ 准备

·制作一个日程表并复印那两个工作计划表格；如果可能的话就双面复印那个有两页的小组工作计划表（见参考资料）。

·准备好和学生们一起填写日程表日期或者在复印日程表之前先填上关键的日期（见幻灯片3）。

·如果学生们正在使用研究日志、笔记或者文件夹（见课程33），他们应该随时准备好这些东西。

◎ 课程

幻灯片1

标题：计划小组项目

幻灯片2

➡ 对学生们这样说：
- 我们刚刚开始我们的小组调查计划。你们已经做了一些初步研究并选择了大概的小组话题。
- 这些调查会更加好玩和有趣，如果你全程都能预先做一些细致规划的话。

➡ 如果你想让学生们围绕这个话题进行一些交谈，你就可以问他们：
- 研究项目的难点是什么？在过去你们遇到过什么问题？

➡ 把他们的评论和那个高度组织化的观点重新联系起来是防止在长期研究项目的过程中出现分心和绝望的有力屏障。

幻灯片3

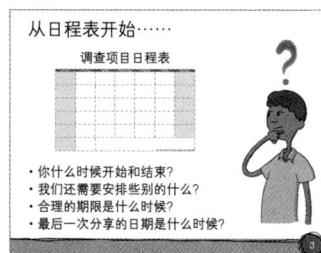

➡ 分发日程表的复印件。

➡ 这样对学生们说：
- 让我们从日程表开始。我们可以用这个来考虑：
  你什么时候开始和结束；
  我们还需要安排些别的什么；
  合理的期限是什么时候；
  最后一次分享是几月几日？
- 让我们开始在各自的日程表上进行思考吧。

➡ 根据你自己的目标和时间表来个性化设置日程表。你可以使用以下两种方法种的一种：
- **基础版本**：按照真实的时间填写日程表，和孩子们一起。
- **节省时间的版本**：分发预先填好了某些标志性日

第十章
小组长期合作项目
SMALL-GROUP PROJECTS · 277

期的日程表。

开始日期；

结束日期；

对发现进行全班分享的日期；

把活动相冲突的日期标出来。

诸如此类。不管怎样，目的就是让学生们思考可用的时间跨度以及如何去运用它。

幻灯片4

➡ 分发小组工作计划表（见参考资料）。

幻灯片5

➡ 分发个体成员工作计划表（见参考资料）。

幻灯片6

➡ 对学生们说：
- 现在看一下我发给你们的那两个工作计划表格。有一个两页的表格和一个一页的表格。两页的表格每个小组一份，一页的表格每个小组成员一份。看一下这两个表格。

➡ 让学生们轻声地阅读这两个工作计划表。

幻灯片7

需要个人和小组的努力
- 每个成员要独立完成的具体是什么?
- 你们如何进行合作?
- 你们如何与他人分享学到的知识?

→ 对学生们说:
  - 成功的调查项目需要个人和小组的双重努力,并能给两者带来实实在在的结果。
  - 因此,你需要准确地说明你小组里的每个成员将要独立完成的是什么,以及你们将如何合作来把你们的知识结合起来并与其他人进行分享。

→ 注意:这里的重点是个人和小组责任的原则。每个成员都要完成一个更大调查的一部分,对这一部分来说,这位成员就要对小组和老师负责。但是,每个小组在这个过程中也会支持每一个成员,并在之后创造出一个突出小组整体学习的团队成绩。这就是小组责任。为了使小组项目有效运行,我们需要这两种责任。

幻灯片8

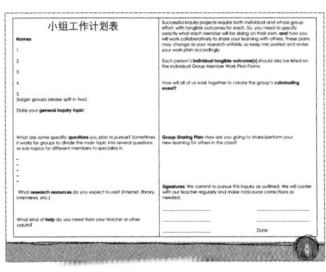

→ 让我们从小组计划开始。
→ 让学生们对幻灯片中展示的小组工作计划表进行充分的讨论,然后看看他们还没有问题。

幻灯片9

- 和你的团队一起讨论你们的计划。
- 填写小组工作计划表。

我们会沿路进行"中途修改"。

→ 对学生们说:
  - 与你的团队合作,详尽地讨论你们的计划并填写小组工作计划表。
  - 我们知道,新的信息,热点线索以及日程变化都可能会突然出现。那就是我们要随着项目的展

第十章
小组长期合作项目

开，使用这些表格来进行"中途修正"的原因。
➡ 让各小组现在汇合并在他们的小组工作计划表上做一些笔记。
➡ 这也许会花10分钟或更多的时间，同时，你在教室里走动并对各小组提供帮助。
➡ 要尤其注意学生们把小组总话题分成个人子话题的方法——这些子话题需要内容充实并难易适中，这样每一个成员既能深入参与其中，又能得到锻炼。
➡ 学生们也许不能一次就完成这个表格，因此，你需要鼓励他们在每次连续会面的时候都做出说明、改正和修改。

幻灯片10

➡ 让学生们对这个过程进行一些讨论。
➡ 然后，如果他们需要再多几分钟的时间，那就让他们回去继续工作。
➡ 当快到时间的时候，把学生们在表格上签名当成一件大事来看待。这就好比是在签约仪式上签下自己的名字，从而学生们彼此之间以及学生们和你之间就签订了某种合同。这种比喻给这个计划过程注入了一种更加有约束力的感觉。
➡ 让他们把表格交给你来批准（以及供你以后使用的副本）。

幻灯片11

- ➡ 现在，让我们完成另一个表格。
- ➡ 让学生们对幻灯片中展示的个体成员工作表进行充分的讨论，然后看看他们是否还有疑问。

幻灯片12

- ➡ 对学生们说：
  - 现在，独立工作，思考一下项目中属于你的那一部分——你自己的子话题或调查问题。
  - 根据今天你得到的信息，填写个体成员工作计划表。
  - 我们知道新的信息、热点线索以及日程改变随时都会突然出现。
  - 那就是你需要不断地修正并回顾这个表格的原因。
- ➡ 给学生一些时间去安静地工作，并在必要的时候提供支持。

幻灯片13

- ➡ 让学生们对这个过程进行一些讨论。
- ➡ 如果他们需要再多几分钟的时间，那就让他们回去继续工作。
- ➡ 让他们签字并把表格交给你来批准（以及供你以后使用的副本）。

第十章
小组长期合作项目
SMALL-GROUP PROJECTS

幻灯片14

在开始你们的研究项目的时候,把所有的文档都集中在一起保存在你们的项目文件夹里!
- 调查项目日程表;
- 小组工作计划;
- 成员工作计划;
- 研究日志。

➡ 最后一点组织上的提示:把所有和你们的研究相关的东西都保存在一个地方!

➡ 不要担心。研究日志接下来就要到了!

课程 33. 记录个人的项目日志

◎ 为什么使用它？

承担责任或许是长期小组研究项目以及像读书俱乐部或文学圈那样的持续结构所面临的最大的问题之一。小组成员们发现他们的小组会面质量不断下降，或者有些成员做得过多，而其他人则做得太少，并感到无力去解决这个问题。记录小组会面的活动和成绩以及目标和责任是一个让所有成员都参与其中并承担相应责任的极好的办法。而且，当小组项目完成的时候，每个学生都需要证明自己对小组以及最终结果所做的贡献。在这个时候，这种日志也能派得上用场。

◎ 什么时候使用它？

首先，符合逻辑的引入项目日志的时间是靠近学年第一次重大小组项目开始的时候；其次，在这些小组每一次会面的时候，你都可以从当天的日程中安排出时间来让小组成员们回顾他们上一次会面的成果并设定本次会面的目标；最后，决定由谁来负责每一项在下次会面前都需要完成的任务。

本课程可以分为若干个更短的阶段，而且在各阶段之间，学生们需要进行小组任务合作。它也可能甚至会延续一两天的时间，这取决于各小组需要处理的工

> 记录小组会面的活动、成绩、目标和责任是一个让所有小组项目成员都参与其中并承担相应责任的极好的办法。

第十章
小组长期合作项目
SMALL-GROUP PROJECTS

作的多少。

◎ 准备

如果你已经教完了前两个课程：

·无论什么时候记录项目日志的条目，孩子们都应该把下面的攻击拿出来放到桌子上。这些材料能帮助他们密切追踪个人决定和小组任务，并保持快节奏和高质量的工作状态。

评估标准（课程31）

工作计划和日程（课程32）

·确定你希望孩子们记录什么类型的日志——作文本、线圈本，或者其他。确保孩子们在课程中能够使用它们。

·一个印章和印台在快速登记日志条目的时候是很方便的。

◎ 课程

幻灯片1

标题：记录个人的项目日志

幻灯片2

➡ 对学生们说：
 ■ 一个小组的项目日志就是对他们工作的记录。

幻灯片3

➡ 项目日志有助于保持小组井井有条并专注于任务，因为小组成员们总是会按照他们一起协商计划或议程来工作。

幻灯片4

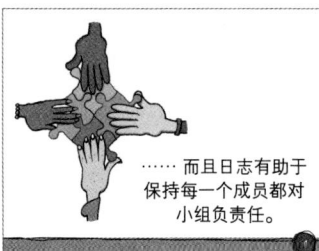

➡ 放映并大声读出幻灯片。

幻灯片5

➡ 日志能清楚地表明谁必须去做哪一项工作并且能使每一个人都对小组负责任，这就有助于避免……

第十章
小组长期合作项目
SMALL-GROUP PROJECTS · 285

幻灯片6

➡ ……误解。

幻灯片7

➡ 这张幻灯片开始展示一系列的步骤，孩子们将要按照这些步骤来开始给他们的新日志增添记录。告诉学生们，每个人都应该把这些步骤记录在他们的日志里。这样，在每次小组会面的时候，他们都可以进行参考了。

➡ 步骤1：记录日期和参加的成员。这样对学生们说：
  ■ 你的日志将会为小组和个人取得的成就提供文本证明。各小组可以在每次会面开始和结束的时候写日志记录，目的就是收集这些信息。

➡ 第一步：记录日期和参加的成员，从现在就开始记录。

➡ 监督以确保每个人都正确地开始了第一项记录。

➡ 如果打算收集小组从开始一直到最终结果的完整记录，现在正是这么说的时候。

幻灯片 8

➡ 第二步：记录每一个缺席的人。阅读幻灯片并让各小组现在就做这一步。

➡ 与出现缺席人员的小组进行核实并确保他们指定了一个人负责让缺席成员了解最新的会面情况。

➡ **注意：** 在第一次会面的时候，很重要的一点是让小组成员们交换一些联系方式，比如手机号码或者电子邮箱（完全是老派的做法）；因此，如果有成员缺席，某个人还可以联系到他们。往往，缺席的学生会说，"但是，我那次不在"来尽力为自己开脱责任。各小组需要明白，责任是双向的。小组有责任和缺席的成员保持联系，而缺席的成员也有责任不找借口并在下次出席的时候完成使小组继续下去的必要工作。

幻灯片 9

➡ 第三步：为即将到来的会面设定任务目标。阅读幻灯片并让各小组马上开始做这个。

➡ 一旦学生们确定了他们会面的目标，他们就可以在会面结束的时候自由地开始做正事了，而会面当天剩下的记录将会在稍后完成。

➡ 我们建议你关掉液晶投影仪来节省灯泡，直到给小组需要观看剩下的幻灯片的时候再打开。

第十章
小组长期合作项目
SMALL-GROUP PROJECTS

在小组会面之后

幻灯片10

➡ 告诉学生们他们需要记录下面的步骤,这些步骤都是他们在每次小组会面之后需要做的。前三个是他们将要和各自的小组一起完成的日志记录。让他们把这些步骤列在小组反思的条目之下。

➡ 第一步:回顾你们今天的项目会议目标。阅读幻灯片并让他们回顾自己的任务目标并画掉那些已经完成的任务。

➡ 在各小组回顾自己在会面中所完成的任务的时候,你要对他们的交谈进行监督。

幻灯片11

➡ 第二步:列出一个个你需要完成的任务的清单。大声读出幻灯片内容并让他们合作列出清单。

➡ 在他们快要完成各自清单的时候,对他们这样说:
- 现在,给每一个小组成员分派重要任务。你们的目标是建立公正和平等。那意味着每个人都均等地承担这个项目的重担。没有人应该不承担任何责任而一走了之,也没有人应该觉得自己就是那个要承担一切的人而置身事外!

➡ 在你监督任务分配的时候,要求各小组用具体的语言说清楚任务而不是进行模棱两可的概括陈述。如果你听到后者的情况出现,就停下来让小组成员们用更加具体的语言描述任务。比如,"寻找服装"是什么意思?它是不是意味着每个人都要在自家的衣橱里翻找一遍?还是去一家旧货店?这些服装需要是什么样子的?在学生们制订计划的时候,他们需要具体一些,否则就可能会导致误解和挫折。

幻灯片12

- ➡ **第三步**：回顾谁来联系缺席的小组成员。大声读出幻灯片的内容并让他们进行这个快速的步骤，来提醒孩子们他们在之前下决心要做的事情。
- ➡ 提醒他们：
  - 这一步符合每个人的利益——虽然有一个成员缺席，但那并不意味着他就不需要在这次会面和下次会面之间做任何工作了！

幻灯片13

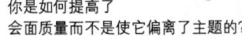

- ➡ 现在，让孩子们从记录小组相关的日志转换到记录个人反思上来。让他们把这三个步骤列在个人反思的条目之下。
- ➡ **第一步**：列出你对今天的会面所做的具体贡献。阅读幻灯片并让他们书写自己的清单。
- ➡ 鼓励所有成员详细列举他们为今天的会面所做的所有贡献。一定要坚持让他们写具体点。只是写下，"我出了主意"是不会给出任何实际信息的。而写下，"我建议我们这个周六在艺术学院的瑞尔森研究图书馆会面；那里收藏了从内战时期开始的比较全面的时尚杂志，这会对我们的时装设计有所帮助"就表现出你真正进行了思考。

幻灯片14

- ➡ **第二步**：为完成你的责任来制订一个计划。阅读幻灯片并对学生们说：
  - 我希望你们每个人都回顾一下自己对小组的责任。在下次会面之前，你们需要完成什么任务？和以前一样，具体地制订你的计划。这是很好地完成任务并提高下一次会面质量的关键。

第十章
小组长期合作项目

- ➡ 如果孩子们在使用一个项目评估标准,一定要强调,任何项目计划都应该和这种标准直接地联系起来。
- ➡ 继续监督学生们的具体性,同时给帮助那些需要你的协助或建议的学生。

幻灯片15

- ➡ **第三步:下一次会面你能做什么来提高小组会面的质量?** 阅读幻灯片并对学生们说:
  - 最后,我希望你们每个人都去思考一下如何来提高你们下一次会面的质量:
  - 你需要做更充分的准备吗?
  - 更加活跃地参与其中?
  - 提出更多的问题?
  - 说得更少些?
  - 保证每个人都参与进来?
  - 重要的是让每个人都记住他们的行为会影响到其他人。
- ➡ 让他们写下清楚明确的笔记。再次监督他们,并确保他们写下的都是他们计划改进的具体的事项。
- ➡ 极力推荐:在每次会议休会的时候都对这些条目进行核对。在你进行监督的时候很容易就能做到这一点。
- ➡ 在每个学生的课桌前都停一下,快速地浏览他们写下的条目,然后在空白处盖章。
- ➡ 注意:如果没有核对,学生们也许会拖延到项目到期的前一天晚上才试图完成他们的日志记录或者根本就不会完成这些记录。这两种行为都会使前面幻灯片里所描述的目的达不到想要的效果。

幻灯片16

→ 在一次会面结束的时候，小组成员们需要在一起交谈来确认他们个人的责任并讨论完成任务的时间、地点以及方式。

→ 小组成员们还应该谈论一下他们擅长使用的小组技能是什么以及每个成员下次都能做得更好的是什么。

→ 如果时间允许的话，让每个小组都对全班做一次快速汇报，关于在下次会面之前成员们计划完成什么任务。公开地分享计划有助于巩固他们。

幻灯片17

→ 没有感谢和感激，任何合作互动都是不完整的！

第十章
小组长期合作项目
SMALL-GROUP PROJECTS

课程 34. 中途修改

◎ 为什么使用它？

复杂的、多日的（或者多个星期的）调查项目往往是孩子们在学校里留下的最难忘的经历。但是，他们的年龄越大，这些项目越需要仔细地监督。有时候，老师们会通过给每个人创建一种同步的结构和日程安排来尽力保证组织的条理性（购买3英寸×5英寸的白色笔记卡片，然后在周五之前做十个脚注）。

我们更喜欢让学生们自己来努力应付这些决定，保持他们自己的记录，并通过自我反思和协商来找到他们自己的途径。本着这种精神，我们已经给他们提供了项目日志、工作计划以及评估标准等工具。现在，我们再给他们增加一种叫作中途修改的反思方式。这些中途修改能突出表现熟练的小组是如何持续不断并积极主动地对自己的进度进行监督的，不仅作为每一个个体还作为一个团队：这就是真正的"为大学和就业做好准备的"人每天都必须做的。

◎ 什么时候使用它？

由于本课程假设孩子们正在进行小组调查项目，因此它能轻松地适应于个人研

> 中途修改突出表现了熟练的小组是如何持续不断并积极主动地监督自己的进的……这就是真正的"为大学和就业做好准备的"人每天都必须做的。

究项目。在这些个人研究项目中,孩子们在研究过程中把彼此当作征询意见的对象,但并不对同一个话题进行合作调查。

◎ 准备

·提前一天告诉孩子们你们将要学习这个课程了,以便他们能在第二天准备好下面列出的所有材料:

项目日志;

个人和小组工作计划;

调查项目日程安排;

评估标准。

◎ 课程

幻灯片1

标题:中途修改

幻灯片2

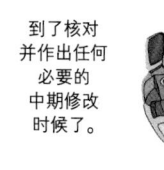

➡ 为了让学生们保持在正确的方向上,我们在长期项目的过程中至少进行一次中期修改,但一般来说,我们都会进行多次修改。

第十章
小组长期合作项目
SMALL-GROUP PROJECTS

幻灯片3

是时候去思考一下你的个人工作了。
- 评估标准；
- 调查项目日程表；
- 个人工作计划；
- 项目日志及/或笔记。

➡ 这意味着有许多东西需要管理。花些时间来确保每个人都把这些东西拿出来并在桌子上。

➡ 向学生解释，一旦研究和工作开始之后，为了保证每个人都能步入正轨——并在需要的时候做出调整，我们就要周期性地重复这项工作。

幻灯片4

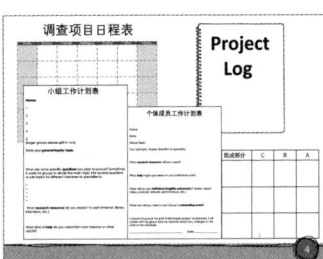

➡ 让孩子们回顾一下他们拿出来的各种表格。

幻灯片5

把这些问题写进你的日志：
- 研究中我负责的那一部分进行的怎么样？
- 我找到所需的那些资源和信息了吗？
- 哪些地方是牢固的以及还有哪些是缺少的？
- 我确定了我个人的"有形结果"了吗？

➡ 让孩子们把这些问题抄写到他们的研究日志或者笔记本中，然后快速写下每一个问题的答案。

幻灯片6

把这些也记下来……
- 我和最后的期限是在同一条轨道上吗？
- 我需要重新修改我的日程表吗？
- 从这里开始，我需要什么帮助？

然后，快速写下回答……

➡ 要记录和回答的更多问题。

幻灯片7

→ 现在，转向你的小组，然后轮流分享你们的个人进展。

→ 尽力概括最重要的事情。

→ 每人一分钟的时间。

→ 搭档们，通过提出深思熟虑的后续问题来帮助彼此吧。

→ 时间控制是这一步的难点。每个孩子能谈论的事情都太多了，因此，在你走动的时候，帮助他们有选择地向各自的小组汇报。

幻灯片8

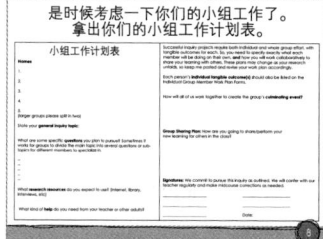

→ 让孩子们拿出他们的小组工作计划表，来为这一步做好准备。在他们书写和谈论的时候，他们将需要参考这个表格。

幻灯片9

记下这些问题并与你的小组进行讨论：
· 到目前为止，我们的研究进展如何？
· 我们涉及的话题，回答了我们的研究疑问了吗？哪些地方是丰富的，还有哪些是缺少的？
· 我们和最后的期限是在同一条轨道上吗？
· 每个成员的作用是什么？
· 我们的项目所能取得一个好的最终结果会是什么？
· 我们如何能帮助彼此？
· 我们应该怎样来安排我们的准备工作？

→ 就像个人目标清单一样，让孩子们把这些问题抄写到他们的研究日志或者笔记本中，然后，同样快速写下每一个问题的答案。

第十章
小组长期合作项目
SMALL-GROUP PROJECTS · 295

幻灯片10

➡ 再一次,孩子们需要对他们谈论和记录的事情进行挑选。对他们进行积极活跃的指导,甚至打断小组会面来给他们提供一些合理运用时间的简洁建议都是不错的做法。

幻灯片11

➡ 每个小组进行简短的汇报。
➡ 这是一次全班集合,邀请学生们来分享一些典型的进展、问题和计划。
➡ 提醒学生们去:
  ■ 分享他们的研究目前的进展情况。
  ■ 分享下一步要做的事情。
➡ 鼓励听众们去问一些有帮助的问题。
➡ **注意**:这一个加深学生们观念的极好的机会,即雄心勃勃的长期项目总是需要不断地去进行维护、重新构想、重新安排并削减和增加任务。

幻灯片12

➡ 一句感谢的话总是不会错的。

课程 35. 做一个专心的听众

◎ 为什么使用它?

项目,不管是个人的还是小组的,往往会在一个公开陈述或表演中达到顶点。陈述者有义务做好充分的准备并给听众们带来乐趣,而听众也有责任去专心听讲并体谅陈述者。清楚地确定对双方的这些预期是极为重要的,这样就没有学生会被干扰他或她集中精力的行为所影响了。而且,最重要的是,我们希望学生们的陈述成为每一个人真正的学习机会,而那就意味着每个人都必须参与其中并进行深入思考。

◎ 什么时候使用它

在班级陈述的前一天教授这个课程,然后在学生们每次面向同学进行陈述或者表演时候,都回过头去参考一下那个听众技能图表。

◎ 准备

- 提前决定搭档们的配对方式。
- 确定学生们记录技能笔记的方式。

> **我们希望学生们的陈述成为每一个人真正的学习机会——而那就意味着每个人都必须参与其中并进行深入思考。**

第十章
小组长期合作项目
SMALL-GROUP PROJECTS

◎ 课程

幻灯片1

标题：做一个专心的听众

幻灯片2

➡ 告诉学生们：
- 调查表明，人们对公开演讲的恐惧超过了除死亡以外的其他任何事情。

幻灯片3

➡ 讨论一下我们需要如何来相互支持：
- 我们是彼此的队友。
- 我们是彼此的粉丝。
- 主场优势是最具有相关性的，因为你将要成为彼此听众——及粉丝——中的一员。

幻灯片4

➡ 放映并大声读出幻灯片。

幻灯片5

➡ 对学生们说：
- 你们所有人在最后都得站起来面对全班其余的同学,而且听众会对你们的表现产生极大的影响。
- 当别人在展示的时候,你就是听众的一员。我们都是一个团队里的,而且我们都希望每一个人都能有最好的表现。因此,我们需要讨论一下做一个专心听众的含义是什么。

幻灯片6

➡ 向学生们示范如何折叠并标注笔记纸,同时让他们跟着做。

第十章
小组长期合作项目
SMALL-GROUP PROJECTS · 299

幻灯片7

➡ 阅读幻灯片上的内容。

➡ 向学生强调，我们只是在观察专心的听众的身体语言。

幻灯片8

➡ 监督搭档们，在他们快速写下他们的身体语言描述词的时候，提醒他们集中于积极的行为上。

幻灯片9

➡ 在分享和倾听开始之前，指定一个学生速记员，因此，在班级分享的时候，你就可以自由地走动、监督并指导了。

➡ 在你号召各两人小组对班级总清单做贡献的时候，一定要把所有的行为都写在黑板上，或者理性的是，暂时切换到可以投影的文字操作上来。这样，你就可以得到这个清单的永久保存版本了。

➡ 如果确实直接写在了黑板上，那就在擦掉之前，用你的智能手机把这份清单拍下来。

➡ 指示学生们把新的想法都增添到他们"看起来像"的那一栏中，以便他们也能得到一份完整的清单。

➡ 一份典型的清单会包括：

■ 表现出兴趣；

- 认真思考/专心致志;
- 坐姿笔直;
- 微笑,点头;
- 享受表演;
- 对所说的话感兴趣;
- 眼神接触;
- 桌面干净;
- 两手空空,记笔记的人除外。

幻灯片10

➡ 现在,让我们谈一下专心的听众听起来像什么。

➡ 解释说明一些,这与学生们制作过的其他"听起来像的"清单有点不同,因为专心听讲的小组成员在表演的过程中不会说话。然而,他们确实也会发出适宜的声响。

幻灯片11

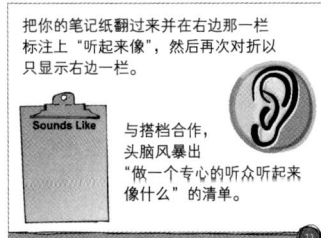

➡ 让搭档们把他们的笔记纸翻到右边那一栏,标注上"听起来像",然后开始头脑风暴。

幻灯片12

- ➡ 指示学生们把新的想法添加到他们"听起来像"的那一栏中,以便他们也得到一个完整的清单。
- ➡ 典型的建议包含:
  - 尊重;
  - 不说话;
  - 掌声(合适的时候);
  - 笑声(合适的时候);
  - "蟋蟀声"。
- ➡ 在这里需要指出,当你把"看起来像"和"听起来像"的清单进行对比的时候,你会发现身体语言在两者中都起到了关键的作用。由于听众在表演过程中的主要工作就是仔细倾听,这就再正常不过了。

幻灯片13

- ➡ 让学生们转向他们的搭档,并快速地讨论一下,专心听讲的行为将会如何帮助他们把注意力集中在他们的表演上。
- ➡ 当搭档们结束讨论的时候,你还可以问一下同学们他们是否曾经遇到过某个人故意干扰他们或者故意让他们捧腹大笑的情况。
- ➡ 谁在做陈述或者发表演讲的时候遇到过这种情况?
- ➡ 如果有人做出了肯定的回答,那就邀请他们来和其他的同学们分享一下这种经历。

幻灯片 14

➡ 如果你讲述的经历令人感觉像是在听恐怖故事,那就要讲清楚一点,即如果某个听众确实在故意干扰或者妨碍表演者,那这就绝对不是"主场"行为。

➡ 在这个教室里,我们都是朋友,并且我们互相支持。

幻灯片 15

➡ 每一个合作活动都要以感谢来结束!

TEACHING THE SOCIAL SKILLS OF ACADEMIC INTERACTION

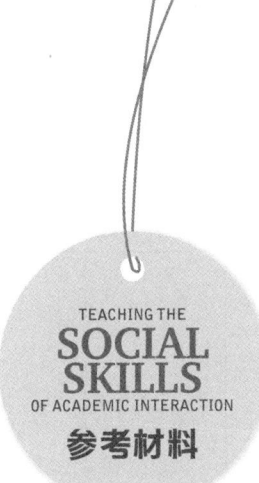

参考材料

课程 13. 约会钟表

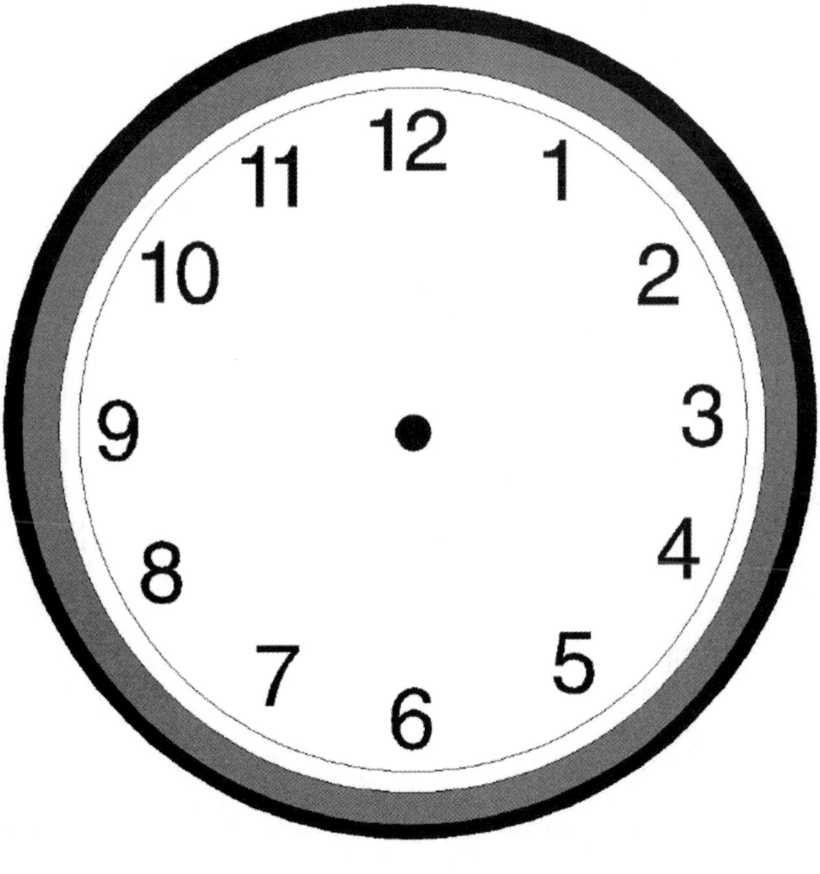

课程 15. 成员资格表格

姓名： 日期： 时间：

话题和日期	成员姓名	成员姓名	成员姓名	成员姓名	成员姓名

课程 22. 小组会面程序

在会面开始的时候

- 清点人数并确定谁来负责和缺席的成员联系以便让他们了解最新的情况并让他们知道自己的在下次会面时的责任。
- 回顾基本规则。
- 确定小组如何来把那些没有做准备的人包含进来。
- 回顾开小差的诱因图表。
- 回顾小组打算使用并练习的讨论技能。
- 展示桌牌。

在会面结束的时候

- 回顾基本规则,讨论一下小组在遵守规则方面的表现并决定是否需要作出任何改变。
- 回顾开小差的诱因图表并讨论解决方案的效果。
- 回顾小组突出的讨论技能并讨论小组成员对每一个技能的使用情况。
- 回顾一天的会面情况并做一个清单列出今天的会面有哪些优势:什么进展得很顺利?讨论的哪些部分是最有趣的/最增长见识的/最高效的?
- 回顾一天的会面情况并讨论为以后的会面设定的、能改进讨论质量的一个或两个目标。
- 回顾对下一次会谈十分必要的,每个成员的工作完成责任。
- 收集桌牌并保存好它们,以为下一次会面做准备。

课程 31. 薄皮奶酪比萨饼标准

组成部分	A	B	C
饼皮 纹理 味道 色泽			
酱料 纹理 味道 色泽			
奶酪 纹理 味道 色泽			

参考材料

课程 31. 项目标准

组成部分	A	B	C

课程 32. 小组工作计划表

名字

1.

2.

3.

4.

5.

（较大的群组，请分成两个小组）

陈述你的**概括的调查话题**：

你计划去追寻的一些具体的**问题**是什么？把主要的话题分成若干个问题或者子话题来让不同的成员进行专门研究。有时候，这样做对群组来说也是非常有效的。

你希望能使用什么样的研究资源？（网络、图书馆、采访，等等。）

参考材料

你需要老师或者其他成年人给你提供什么样的帮助？成功的调查项目要求个人和整体的双重努力，并能给两者带来实实在在的结果。因此，你需要准确地说明每个成员将要独立完成的是什么，以及你们将如何合作来互相分享你们学到的东西。随着你们研究的展开，这些计划可能会有所改变，因此，要和我保持沟通并对你们的计划作出相应的修改。

每个人所取得的**个人的有形结果**也应该被列在个体成员工作计划表中。

我们所有人要如何合作来达到小组的**最终目标**？

小组分享计划：你们准备如何面向班级里的其他人分享/表现你们的新知识？

签名：如上所述，我们致力于从事这项调查。我们会定期老师协商并在需要的时候做出中期改正。

_____   _____

_____   _____

_____   日期：_____

课程 32. 个体成员工作计划表

姓名：

日期：

小组话题：

你的子话题、调查问题或者专长：

你需要什么**研究资源**？

对你的单独工作，你可能会需要什么**帮助**？

你的**个人的有形结果**会是什么？（文章、报告、视频、播客、艺术品、表演等。）

在小组的**最终目标**里，你会扮演什么角色？

我致力于按计划从事分配给我的调查项目部分。我会和我的小组及老师协商工作或日程安排中出现的任何变化。

_____   日期：_____

英国"以学生需求为中心"的课堂管理/教学法系列

风靡全球教育界的"五彩书" | 深受200多万教师推崇和追捧

[英] 罗博·普莱文 著

7天成功的课堂管理，
让教与学直接"变现"

第一分钟抓住注意力，
无聊课堂变"欢乐天堂"

助力小组合作，
掌握持久、可迁移的理解式学习

专治"问题学生"，
课堂管理"行为工具包"

让每1次对话都积极、
互动、有意义，
管理有成效

从备课开始，
到上课、说课、做课，
做一个魔法教师

名校经典课

语文取胜　读写双赢

人大附中"金牌教师"于树泉 点拨之作
传授阅读、文言文、作文取胜之道